AF590395

ALBERT M NTHEUIL

LA CHARITÉ PRIVÉE A L'ÉTRANGER

PARIS
SOCIÉTÉ FRANÇAISE D'ÉDITIONS D'ART
L.-HENRY MAY
ÉDITEUR DES COLLECTIONS QUANTIN
9 et 11, rue Saint-Benoît
1898

LA

CHARITÉ PRIVÉE

A L'ÉTRANGER

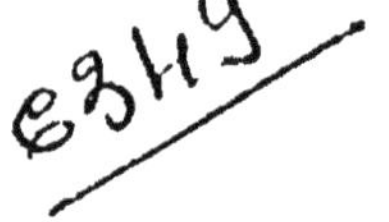

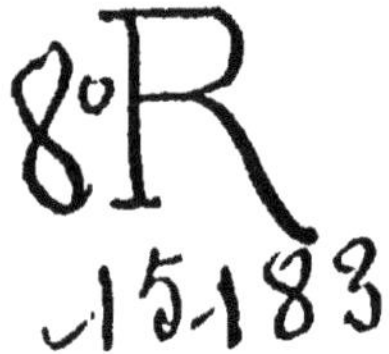

OUVRAGES DU MÊME AUTEUR

Héros et Martyrs de la liberté, *avec lettre-préface d'Anatole de la Forge*............ 1 vol.

Le Conservatoire..... .... 1 broch.

Les transports en commun.... .... 1 broch.

En préparation :

L'Assistance publique à l'étranger.

ALBERT MONTHEUIL

LA CHARITÉ PRIVÉE À L'ÉTRANGER

PARIS
SOCIÉTÉ FRANÇAISE D'ÉDITIONS D'ART
L.-HENRY MAY
ÉDITEUR DES COLLECTIONS QUANTIN
9 et 11, rue Saint-Benoît
1898

A MONSIEUR LOUIS BARTHOU

Ministre de l'Intérieur.

Monsieur le Ministre,

Au mois de juin dernier vous avez bien voulu me charger d'une mission spéciale pour étudier, dans l'empire d'Allemagne, la Belgique, la Grande-Bretagne, les Pays-Bas, la Suède et la Norvège, l'organisation et le fonctionnement des établissements d'assistance privée.

Quelques jours après, le Conseil municipal de Paris témoignait de l'intérêt qu'il attachait à cette étude en me demandant de la compléter par un rapport sur les institutions d'assistance publique de ces mêmes pays.

J'ai l'honneur de vous adresser aujourd'hui, monsieur le Ministre, mon rapport sur la Charité privée *à l'étranger.*

Puissiez-vous reconnaître à cette œuvre

sans prétention — qui n'est point autre chose qu'un « reportage intensif » — la qualité essentielle exigible de toute enquête de ce genre : l'impartialité.

Je manquerais à un devoir de gratitude profonde si je ne remerciais publiquement MM. les Agents diplomatiques et consulaires de la République Française à l'étranger qui m'ont, sur votre recommandation, M. le Ministre, et sur celle de votre collègue l'honorable M. Hanotaux, ministre des Affaires étrangères, si aimablement et si utilement aidé dans l'accomplissement de ma mission : MM. de Montholon, ministre de France en Belgique ; Rouvier, ministre de France à Stockholm ; Bihourd, ministre de France à La Haye ; E. Cor, consul général à Hambourg ; d'André Soulange-Bodin, chargé d'affaires de France à Berlin ; Mimaut, consul général à Christiania ; Paul de Bezaure, vice-consul à Christiania.

J'associe de grand cœur à ces remerciements MM. Lejeune, ancien ministre de la Justice en Belgique ; Lorand, représentant à la Chambre belge ; Gœmare de Kayser, échevin d'Anvers ; Van Dorselaere, président du bureau de bienfaisance d'Anvers ; Ed. Roelants, chef de division du gouvernement pro-

vincial du Limbourg; Blankenberg (d'Amsterdam); Dompierre de Chauffepié, directeur du Cabinet des médailles à La Haye; docteur Becker, premier bourgmestre de Cologne, député au Reichstag; le sénateur professeur Hachmann, chef de la police à Hambourg; docteur Blumenthal, à Berlin; W. Döring, consul honoraire de France à Elberfeld; le professeur Pagenstecher, de l'hôpital d'Elberfeld; le baron Gustave Tamm, grand gouverneur de Stockholm; Stadling, publiciste à Stockholm; sir Hugh Owen, secrétaire du « Local government board », *à Londres.*

Veuillez agréer, monsieur le Ministre, l'assurance de ma considération distinguée et respectueuse.

ALBERT MONTHEUIL.

Paris, le 27 décembre 1897.

INTRODUCTION

La veille de mon départ pour le voyage à travers l'Europe qui devait me permettre de remplir la mission dont m'avait chargé M. le ministre de l'Intérieur, un des plus hauts fonctionnaires de l'Assistance publique en notre pays me disait, avec son éternel sourire, légèrement moqueur : « Vous connaissez, cher ami, les mendiants professionnels?

« — Certes.

« Eh bien, vous apprendrez bientôt ce qu'est la bienfaisance professionnelle. »

Le dédain ironique du fonctionnaire pour les œuvres privées collaborant au soulagement de la misère, avec l'assistance légale, perçait dans ces quelques paroles. Mais elles n'étaient point faites seulement de dédain. A peine dissimulaient-elles cette opinion, un peu trop répandue dans les milieux administratifs, que, seuls, les organes légaux : l'État, le département, la commune, sont en état de pourvoir aux besoins des malheureux, que c'est une fonction qui ne devrait point appartenir à d'autres, et que les sociétés charitables font beaucoup plus de bruit que de besogne, qu'elles entretiennent plus la vanité de leurs membres qu'elles ne servent les intérêts des pauvres; qu'enfin, pour tout dire d'un mot, elles sont la mouche du coche...

Qu'il y ait des gens qui fassent profession de philanthropie dans l'intérêt de la classe sociale à laquelle ils appartiennent ou pour en recueillir des profits d'honneur ou d'argent, cela, malheureusement, n'est point contestable, et il n'y a lieu ni de s'en trop étonner ni de s'en indigner. Mais il est bon de le proclamer — et je croirais manquer à mon devoir si je ne le faisais ici en traçant les premières lignes de cet ouvrage — la charité privée, prise dans son ensemble, ne mérite pas ces reproches et ne justifie point ces accusations. Trop souvent elle gaspille maladroitement des sommes considérables, par défaut d'organisation, de gestion, ou d'entente des diverses œuvres entre elles. Nous l'avons constaté en maints endroits, et nous n'en célerons rien.

Mais l'Assistance publique est-elle autorisée à lui jeter la première pierre ? Est-elle si sûre d'elle-même, de sa bonne administration, qu'elle puisse faire un grief à l'assistance privée des dépenses inutiles que supporte celle-ci et de l'exploitation dont elle est l'objet? Ne taxerait-on pas de présomption le fonctionnaire qui le prétendrait ?

Reconnaissons donc tous, de bonne foi, que l'Assistance publique a une tâche difficile dont l'accomplissement lui attire parfois de trop injustes attaques, mais n'oublions pas le rôle utile joué par la bienfaisance privée. Les efforts de celle-ci, ses services, sont de ceux qu'il n'est ni loyal ni même habile de méconnaître.

C'est à faire la somme de ces efforts, à montrer la nature de ces services rendus que je m'emploierai au cours de ce travail, sans passion, sans parti pris.

CHAPITRE PREMIER

FONCTIONNEMENT DES ŒUVRES PRIVÉES D'ASSISTANCE A DOMICILE

Charité et religion. — Le rôle de l'Église chrétienne en matière d'assistance. — Caractère confessionnel de la bienfaisance en Hollande. — Les diaconies. — Leur tâche. — Principe fondamental de la charité catholique néerlandaise. — Les « Parochiale armhesturen ». — Le système actuel critiqué. — Création de sociétés neutres. — *Liefdadigheid naar vermogen;* son programme, ses moyens d'action.

Allemagne : Tendances religieuses des œuvres d'assistance. — La Société des dames neutres d'Elberfeld. Un mode d'assistance : les bons de repas. — Suède et Norvège : Légalement, la pauvreté n'est pas une cause d'assistance. — De quelques institutions privées.

Belgique. — Grand nombre d'associations charitables. — Les secours aux pauvres honteux. — L'œuvre des veuves, à Gand. La Société royale de philanthropie, de Bruxelles : ses rapports avec les institutions similaires ; multiplicité des services qu'elle rend.

Angleterre. — Le mouvement mutualiste. — L'assistance corporative. — Patronage de l'aristocratie anglaise aux œuvres de charité privée.

Donnez, riches, l'aumône est sœur de la prière,
Donnez, afin qu'un jour, à votre heure dernière,
Contre tous vos péchés vous ayez la prière
D'un mendiant puissant au Ciel.

Qui n'a présents à la mémoire ces vers de notre grand poète. Magnifiques exhortations, certes, mais presque inutiles. Il n'est point nécessaire de tant demander aux heureux de ce monde. Ils donnent volontiers, ils donnent souvent largement, généreusement, et s'il est une chose qui puisse étonner, c'est qu'ayant l'aumône si facile ils protestent parfois avec tant de chaleur contre les augmentations légales d'impôt dont les menacent nos modernes réformateurs du Parlement, dans l'intérêt du pays entier et des classes laborieuses en particulier. Oui, l'escarcelle de la charité s'emplit sans trop de difficultés, assez facilement même. Mais quel usage fait-on de l'argent recueilli ? Comment le distribue-t-on ? La répartition en est-elle toujours équitable ? Dans le fonctionnement de la bienfaisance privée, des fissures ne laissent-elles pas s'écouler les richesses loin du but à atteindre, loin des misères à soulager ? Quelles formes prend de préférence la charité privée ? quel... ces questions se pressent, nombreuses. A peine l'une s'échappe-t-elle des lèvres que dix autres s'y succèdent, comme pour témoigner de l'importance, de la gravité et de la complexité du sujet.

Faisons donc une série des questions pour les mieux étudier.

∴

Du jour où les hommes se sont mis en société sur la terre naquit le devoir d'assistance, car il est dans la nature humaine de secourir son prochain.

« Voyageur, la route a-t-elle aiguisé ta soif? « Prends ce verre et bois. Es-tu las de mar- « cher ? Entre sous mon toit pour y oublier « tes fatigues. » Ces premières manifestations spontanées de l'idée d'assistance envers ses semblables, on les retrouve à l'origine du monde, elles se sont perpétuées en coutumes à travers les âges.

Les religions, en s'emparant de la direction morale des peuples, firent de la charité une obligation divine dont elles surveillèrent l'exécution. Venir en aide aux malheureux, ne fut-il point pendant longtemps le rôle presque exclusif que s'imposa l'Eglise chrétienne ? N'était-ce point également le moyen le plus sûr de conquérir les cœurs, de gagner les esprits, au moins par la reconnaissance ? Comment l'Eglise comprit son rôle ? il suffit, pour le savoir, de regarder autour de soi, dans tous les pays d'Europe, de compter les établissements charitables, fondés par les ordres religieux. Et, malgré le temps, malgré l'évolution des intelligences, l'organisation de la charité par les autorités ecclésiastiques demeure encore puissante, si puissante même qu'en certains pays, en Hollande, entre autres, elle est presque la seule force sur laquelle puissent compter les pauvres.

Des sociétés privées se lèvent depuis 20 ou 25 ans dans ces pays pour revendiquer leur part dans la mission charitable que s'est attribuée la Sainte-Eglise. Ce mouvement s'accentue, la charité confessionnelle perd chaque année du terrain, mais le jour n'est pas encore prochain où on la dépossédera de celui qu'elle a fait sien depuis des siècles.

∴

Hollande.

Avec la loi néerlandaise, pas d'équivoque. L'article 20 de la loi sur l'assistance des pauvres prescrit ceci :

« L'assistance des pauvres est laissée aux ins-
« titutions charitables des différentes Eglises,
« ou aux institutions privées ».

Et l'article 21 : « Nulle municipalité n'est « autorisée à venir en aide aux pauvres, avant « de s'être assurée qu'ils ne peuvent être secou- « rus par des institutions charitables de diffé- « rentes Eglises, ou privées ; et puis encore seu- « lement en cas d'impossibilité absolue ».

A l'Eglise est dévolu le rôle principal ; la commune est un pis-aller. Elle n'intervient que par mesure de police, on pourrait dire par décence. Un pauvre diable qui meurt de faim sur un trottoir de La Haye ou d'Amsterdam est un vilain spectacle. Il convient d'en cacher la vue aux passants de sens délicats. La commune se sacrifie : le moribond, par ses agents, est emporté : décence et police.

La population des Pays-Bas, envisagée au point de vue des cultes, se répartit de la façon suivante :

2,728,820 habitants protestants (appartenant aux diverses formes de culte), 1,604,482 catholiques; 97,324 juifs (allemands, néerlandais et portugais).

La première place pour l'assistance aux pauvres revient, dans les provinces protestantes du royaume des Pays-Bas, à la *Diaconie* de l'Eglise réformée.

On peut définir en ces termes les diaconies: Ce sont des institutions charitables *dépendant* de l'église réformée et destinées à venir en aide aux pauvres, *membres de l'Église*. Les diacres, en conséquence, forment une partie du consistoire et appartiennent aux corps constitués, hiérarchiques, qui gouvernent l'Église.

La tâche des diacres n'est pas bornée à la distribution des aumônes : elle s'étend aux besoins moraux et religieux des indigents. Il entre dans la mission des diacres de procurer du travail à ceux-ci, lorsqu'ils sont valides ; de surveiller leur vie spirituelle (fréquentation du catéchisme par les enfants, des églises par les parents, baptême, mariage, etc.).

Aucun pauvre ne peut invoquer le droit d'être secouru. L'octroi d'un don par les diaconies est un acte libre de la charité chrétienne.

Aux diaconies des différentes églises réformées du pays est laissée une liberté relative d'action, quoiqu'elles soient toutes obligées de suivre les prescriptions du règlement général.

Les diacres ont le soin des pauvres à domicile et dans les établissements hospitaliers (orphelins, vieillards).

En principe, les pauvres ne sont secourus qu'après avoir été pendant deux années de suite membres de l'Église réformée. Dans la pratique on double cette condition première en exigeant des solliciteurs qu'ils soient fort avancés en âge.

Pour l'allocation des secours, les pauvres s'adressent au diacre de leur quartier qui, seul, ou de concert avec un de ses collègues, examine les cas, lesquels sont jugés dans une séance bi-mensuelle (1).

A Amsterdam, la demande de secours n'est pas adressée au diacre qui s'occupe de la famille indigente, mais à une commission centrale de trois membres qui, elle-même, en saisit une autre commission de 34 membres. Celle-ci charge ensuite une troisième commission de 15 membres de distribuer les dons. Quelle filière, quelles formalités! Il est superflu de constater que cette procédure compliquée crée une dualité entre ceux qui contrôlent et ceux qui répartissent les secours, sans aucun profit pour les pauvres.

En fait, pour avoir droit au secours, il faut être membre de la communauté depuis 5 an-

1. Dans les grands centres, les pasteurs ont leur propre diaconie où ils travaillent, avec le concours de « frères » et « sœurs », qui visitent les pauvres, donnent des dons en argent, des fortifiants, des médicaments aux malades. Le fait que cette œuvre se propage de plus en plus est une preuve que la charité diaconale n'est pas à la hauteur de sa tâche.

nées, avoir au moins 45 ans si l'on est chef de famille et 60 ans si l'on n'a point de charges.

Les secours alloués varient de 1 à 4 florins et, au maximum, 6 florins pour 4 semaines, sans compter la remise de pains et, en hiver, de tourbe pour le chauffage.

∴

Le reproche que, à première vue, on soit en mesure d'adresser à cette organisation est le même que celui mérité par la charité officielle. Le contact permanent des diacres et des indigents fait défaut. Les personnes profitant des secours sont, en majeure partie, nous le reconnaissons, âgées, incapables physiquement de se créer une vie nouvelle, mais en beaucoup de cas, trop fréquemment, l'influence morale du diacre n'est pas employée, comme on le souhaiterait, au relèvement de l'individu secouru. Et, quand elle se fait sentir, ce n'est guère que dans le domaine spirituel. Si une excuse devait être invoquée, on la trouverait dans le nombre exagéré de familles dont la surveillance incombe à chaque diacre (1).

∴

L'assistance par les églises n'est pas moins

1. Le nombre des familles placées sous la surveillance d'un diacre varie de 40 à 100 !

considérée en Hollande comme une force motrice immense. Mais ceux-là mêmes qui en désirent le plus la conservation expriment l'avis qu'elle gagnerait à être mieux dirigée.....

∴

L'Eglise Réformée Wallonne observe, à peu de chose près, les règlements de la grande Église réformée. Dans les centres importants il y a des diaconies de cette Eglise. Le nombre des pauvres secourus n'est pas considérable.

Il y a en outre des diaconies des églises réformées néerlandaises, des Baptistes, des Remontrants, des Luthériens, des Luthériens réformés.

Les juifs possèdent, dans beaucoup de villes, des comités chargés du soulagement des pauvres. A Amsterdam et à La Haye, des Sociétés distinctes s'occupent des juifs néerlandais et des juifs portugais.

∴

Il faut enfin noter comme contribuant au soulagement des malheureux, en concurrence avec les églises protestantes, catholiques et israélites, les associations charitables neutres.

On aurait sujet de s'étonner, connaissant

le nombre infini d'institutions charitables créées, entretenues par les églises de Hollande, de la co-existence d'œuvres privées neutres, si nous n'avions pris la précaution de dire en ouvrant ce chapitre que la première condition posée au pauvre qui sollicite un secours des autorités paroissiales est qu'il soit membre de la communauté. Le lien qui unit le nécessiteux à celui qui lui prête assistance est donc, avant tout, religieux. De plus en plus le besoin s'est fait sentir, pour le pauvre, d'échapper à cette oppression qui devient souvent de l'inquisition. La nécessité d'une charité plus libérale a été reconnue par d'éminents esprits, et des institutions — libres de toute attache cultuelle — se sont fondées.

La plus intéressante de ces associations est établie à Amsterdam, sous ce titre : *Liefdadigheid naar vermogen* (la Charité d'après ses moyens).

Elle date de 1870. Sa mission principale est d'assister l'indigent à domicile et par le travail.

Elle sert d'intermédiaire entre ceux qui en donnent et ceux qui en cherchent.

Cette société vient encore en aide aux malheureux : en leur faisant de petites avances ; en leur remettant des secours en argent et en nature, exceptionnels ou périodiques ; en s'attachant, par tous les moyens moraux, à relever et sauver les familles indigentes.

Les prêts gratuits consentis atteignent jusqu'à 200 florins. La Société, pour garantie, exige un répondant. Lorsque la somme avancée est destinée à l'installation de l'emprunteur dans une boutique pour l'exercice d'un petit commerce, ce qui arrive fréquemment, un membre de la Société surveille les opérations commerciales et aide à tenir la comptabilité du nouveau patron.

Aux ouvriers sans travail la Société prête de 15 à 25 florins au maximum. Tous ces prêts sont accordés *en vue de prévenir la misère* et non quand celle-ci a fait sa ruineuse besogne. En retour, la Société exige que les enfants des personnes secourues fréquentent assidûment les écoles.

Lorsqu'un sinistre se produit et que des fonds sont recueillis par souscription publique, la Société sert d'intermédiaire pour leur répartition. Elle combat également la mendicité par les moyens dont elle dispose et travaille à la diffusion des idées libérales en matière d'assistance.

700 visiteurs divisés en 34 sections de la ville actionnent cette machine d'aspect imposant, à laquelle il ne manque, pour produire

ce que ses inventeurs espéraient d'elle.... que de l'argent, en quantité suffisante.

L'organisation et le fonctionnement de la société sont remarquables. Elle met consciencieusement en pratique le système d'Elberfeld, c'est-à-dire que, sous la direction d'une commission centrale, un comité spécial travaille dans chaque quartier de la ville au soulagement des misères. Ces comités locaux comprennent 10 à 12 membres qui se partagent les pauvres du quartier, de sorte que chaque membre s'occupe de quatre ou cinq familles.

Dans leurs séances, tenues toutes les quinzaines, ces comités conviennent des secours à allouer et de leur quotité. La distribution en est faite au siège de la société, à la maison des pauvres, par les curateurs qui ne manquent pas, en y procédant, de donner d'utiles conseils.

Si les visites à domicile ont révélé des changements dans la situation des malheureux secourus, le comité de quartier statue en séance sur les conséquences qui en doivent résulter, augmentation, diminution ou suppression du secours.

L'idée fondamentale, essentielle, de cette société est que le bienfaiteur doit se rapprocher le plus possible de celui qu'il oblige, et que chaque cas, en matière d'assistance, doit être l'objet d'un examen approfondi.

Le comité central, ceci est un point à noter, ne s'intéresse qu'à la gestion générale de l'œuvre, abandonnant aux comités locaux l'instruction des demandes, la fixation des secours et leur distribution.

C'est une décentralisation absolue qui a produit, au témoignage des gens compétents, de salutaires effets.

Cette organisation a été empruntée par une association de Haarlem qui agit fort consciencieusement dans le même esprit charitable.

A Rotterdam une grande société privée, neutre, est formée sur le même modèle, mais sans avoir institué des comités de quartier. L'examen des demandes, la fixation du montant des dons et leur distribution restent donc centralisés.

La Société charitable de La Haye se comporte à peu près de la même manière.

Dans plus de 50 communes, des associations semblables coopèrent ainsi au soulagement des indigents (1).

.·.

L'Eglise catholique forme aussi un élément

1. Ces sociétés vivent des dons et cotisations régulières de leurs membres, et de legs.

important de l'organisation de la charité néerlandaise, surtout dans les provinces dont la majorité de la population est catholique. Le pays est divisé en cinq évêchés. Dans chaque évêché une loi spéciale règle la charité de l'Eglise catholique. Ces lois datent de 1855. Le principe fondamental en est ainsi conçu : « La charité catholique est instituée à la gloire « de Dieu et pour l'amour du prochain. Elle « est matérielle et morale. »

On distingue deux sortes d'institutions : 1° les institutions paroissiales subsidiées par les paroisses (*parochial armhesturen*) ; 2° les institutions qui ne dépendent pas des autorités paroissiales.

Les « *parochiale armhesturen* » s'occupent surtout de secourir les pauvres à domicile ; les institutions non paroissiales donnent à la bienfaisance d'autres formes.

Les institutions catholiques soulagent exclusivement les misères des *membres de l'Eglise catholique*, principalement de ceux qui, par leur vie religieuse et morale, méritent le plus d'être soutenus ou qui, en raison de leur grand âge, ne peuvent plus travailler.

Le montant du secours est d'environ de 1 florin à 1 florin 60 par quinzaine (1 florin pour une famille dont le père et la mère ont de 40 à 50 ans et 4 à 5 enfants ; 1 florin 60 s'il y a 8 enfants).

La première, la plus rigoureuse des conditions imposées au pauvre désirant être admis au bénéfice des secours est la présentation du « pauschriejie » ou certificat de l'autorité ecclésiastique attestant que le solliciteur a fait ses pâques.

L'Eglise catholique, dans les provinces où elle exerce une influence réelle sur les services administratifs, en profite pour se décharger sur ceux-ci, autant qu'elle le peut, du soin qui lui incombe, de par la loi, de secourir les pauvres. Souvent même la charité est tout à fait abandonnée aux autorités locales lorsque celles-ci, qui décident des dons à allouer, sont catholiques.

L'administration de la Charité, dans chaque paroisse, est aux mains de six à huit régents (*armmeesten*) qui administrent en même temps les orphelinats et hospices de vieillards ressortissant au service paroissial.

Les fonds nécessaires sont recueillis au moyen de collectes à domicile, de quêtes dans les églises, et grâce à des dons et legs (1).

1. A La Haye les dépenses d'assistance de l'Eglise catholique se sont élevées l'an dernier à 22.200 florins

A côté de la Charité paroissiale fonctionne la Société de Saint-Vincent de Paul, fondée en 1846 en Hollande, à l'exemple de la société française du même nom.

Elle vient en aide aux pauvres en leur distribuant, de préférence, des secours en nature. Dans chaque paroisse des grandes villes hollandaises elle a une *conferentie*, qui détermine les dons à allouer aux familles nécessiteuses.

Après que la quotité du secours a été fixée, des membres visitent régulièrement deux à deux ces familles pour veiller au salut moral et religieux des pauvres qui les composent. On s'assure notamment de l'envoi des enfants au catéchisme et l'on veille à ce que les parents pratiquent leurs devoirs religieux.

Dans les Pays-Bas, 169 de ces *conferentie*, comprenant un ensemble de 2.865 membres, travaillent au bien des pauvres... et à la grandeur de l'Eglise. 7.000 familles de malheureux sont secourues.

La Société, dans la seule ville de La Haye, dépense par an 10.000 florins.

pour secours en argent, et à 1.302 florins pour secours en nature (pain, tourbe, charbon).

La caisse de la Société est alimentée par les cotisations des membres et par des revenus exceptionnels, dons, legs.

De cet exposé sommaire sur l'assistance à domicile dans les Pays-Bays, une triple constatation se dégage :

1° La charité à domicile est, dans ce pays, abandonnée à l'Église ;

2° La commune, comme organe de l'autorité publique, n'accorde assistance que lorsque les diaconies l'ont refusée ;

3° Des sociétés neutres s'efforcent de secourir les nécessiteux qui ne sont pas ou qui sont insuffisamment soutenus par l'Eglise ou la commune.

Allemagne.

Avec l'Allemagne nous ne nous trouvons plus, comme avec la Hollande, en présence d'une charité privée constituée à la demande de l'Etat, collaboratrice en titre de celui-ci, et s'avouant publiquement confessionnelle : l'assistance légale y est fortement organisée ; elle commence au faîte de l'Etat avec les assurances obligatoires, pour descendre dans la commune, s'y développer, y avoir droit de cité...

Et cependant, autour des institutions publiques d'assistance se créent, grandissent des œuvres privées, neutres de nom, mais religieuses au fond, poursuivant six fois sur dix un but de propagande... L'Eglise allemande n'est point passive ; elle n'assiste pas tranquille et froide aux luttes politiques qui se livrent autour d'elle : elle est, d'humeur, de tempérament, et par raison, agissante et militante. Mais son action, pour n'être pas ostensible, ne manque pas d'effet. Pour peu qu'on le veuille on la suit pas à pas jusqu'au point final...

La plupart des paroisses religieuses possèdent des sociétés pour secourir les pauvres de leur religion. Rien qu'à Cologne, trente sociétés de ce genre se partagent la population nécessiteuse. Là, point d'allocations en argent : des dons en nature, fournitures de denrées alimentaires, café, sucre. Et nul lien, nulle relation même, avec la municipalité.

Dans une autre partie de cet ouvrage nous verrons, par les exemples, entre autres de Berlin et de Hambourg, que cette influence des Eglises, en Allemagne, s'exerce de préférence sur l'enfance pour laquelle on multiplie les institutions charitables, crèches, écoles-gardiennes, etc.

Groupés en sociétés distinctes, catholiques et protestants, dans les diverses villes de l'Empire, travaillent au soulagement des pauvres, en affichant une neutralité confessionnelle dont l'observance est problématique et dont bien des faits révèlent le caractère fictif. La nature même des choses n'indique-t-elle pas qu'il ne peut en être autrement? A quoi bon des sociétés uniquement composées de catholiques ou uniquement composées de protestants, s'il n'entre dans la pensée d'aucun des membres d'icelles de mettre l'aumône au service d'une foi religieuse?

Cela n'ôte rien d'ailleurs au mérite des personnes charitables qui, dans un camp ou dans un autre de l'Eglise, se préoccupent avec sollicitude, du sort de la classe indigente.

∴

L'exercice de la charité est presque partout, en Allemagne, le passe-temps favori des dames de la bourgeoisie. Les sociétés de bienfaisance les mieux administrées, celles dont les membres se dépensent le plus en dévouement, sont constituées, administrées par des femmes.

L'association formée à Berlin pour lutter contre l'exploitation de la charité par des individus indignes, et qui joue un rôle si intéressant à étudier dans la direction des affaires charitables de cette ville, n'a-t-elle pas pour âme, pour centre d'impulsion une femme de distinction et de talent, Mme *Jeannette Schwerin*, à laquelle prêtent un concours intelligent et éclairé des dames de la plus haute société ?

Les nombreuses œuvres de bienfaisance privée qu'on trouve à Berlin, comme à Hambourg, ne vivent que de l'action de leurs sociétaires féminins.

A Elberfeld, cette action se synthétise dans une Société de dames neutres, *Frauen Verein*, dont les traits distinctifs méritent d'être fixés.

Qui ne connait Elberfeld ignore le premier mot des questions d'assistance. Cette petite ville industrielle de l'Allemagne du Nord pratique, en effet, depuis 50 ans, un système de distribution des secours aux pauvres qui est aujourd'hui célèbre par toute l'Europe, que la Hollande imite, que les principales villes allemandes ont adopté et dont nous vanterions, en France, les merveilleux résultats si le chauvinisme ne nous empêchait de reconnaitre ce qui est bien chez nos voisins d'Outre-Rhin et ce qui est bon à en prendre (1).

1. On commence fort heureusement chez nous à revenir sur cette manière d'envisager le patriotisme. Dans un article de la *Revue municipale* (numéro du 6 novembre 1897), M. Louis Lucipia, ancien président du Conseil général de la Seine, louait le système d'Elber-

Eh bien, dans cette ville ouvrière où l'assistance publique est parfaitement réglée, la charité privée intervient encore efficacement pour le soulagement des infortunes, et ce sont des dames qui accomplissent cette mission en s'appuyant sur l'organisation communale. Les *Frauen Verein* sont, en effet, en rapports intimes, journaliers avec l'administration de la Ville. Celle-ci compte deux de ses représentants dans leur comité. Et les enquêtes sur les solliciteurs sont faites par les curateurs ordinaires des pauvres. De la sorte nul double emploi de secours n'est à déplorer.

Les *Frauen Verein* n'accordent pas de secours à un pauvre déjà aidé par le Bureau de bienfaisance communal. Elles sont véritablement des auxiliaires de l'assistance officielle. La Ville participe dans les dépenses de la Société pour 5000 marks. Le fonds de caisse des *Frauen Verein*, outre cette subvention communale, est formé des cotisations des dames sociétaires. Les sommes disponibles vont à plusieurs œuvres, crèches, maisons de santé, ou servent à distribuer des secours aux personnes non assistées par la commune, pour prévenir leur ruine complète... La Société

feld, dont application est faite avec un plein succès dans le 3e arrondissement de Paris (quartier du Temple).

procure aux femmes des travaux d'aiguille ou de tricotage rétribués (layettes, draps de lit, robes, jupons, tricotage de bas, etc.). Ces objets sont ensuite donnés à d'autres pauvres. Tous les jours une quarantaine de miséreux reçoivent, aux frais de la Société, la nourriture dans le local de la crèche.

Elle envoie les enfants débilités dans les stations thermales pendant quelques semaines, distribue aux familles des secours de loyers ou autres *pour éviter qu'elles ne tombent à la charge de l'assistance publique.*

Retarder le moment où le pauvre sera obligé de recourir aux deniers communaux, ou plutôt rendre inutile cet appel à la charité officielle, par l'allocation d'un secours extraordinaire, dans les circonstances qui précèdent ordinairement la misère chez les ouvriers : maladie, chômage, détresse provisoire, tel est le but que se propose avant tout autre la Société des dames neutres d'Elberfeld.

∴

Les Sociétés de dames se préoccupent en général du secours à apporter aux malades. A cet effet elles envoient au chevet de ceux-ci des religieuses qui font office de garde-malade et entretiennent le ménage des malades lorsque la mère de famille est alitée.

Des vivres, des vêtements sont délivrés; du travail est procuré aux femmes.

∴

Catholiques et protestants ont des œuvres semblables.

A Elberfeld, les uns comme les autres font usage de *bons de repas*. C'est une idée qui a son originalité, et que nous notons à ce titre.

Ces bulletins de repas pour quatre semaines donnent droit au dîner (repas de midi) dans une famille de la Ville une fois par semaine. Tel jour le pauvre a donc son repas chez M. X; tel autre jour chez M. Y.... Les aliments ne se consomment pas sur place: le pauvre les emporte à son logis (1).

∴

La multiplicité des institutions charitables, en tous pays, en rend le dénombrement presque impossible. Un pareil travail ne serait pas au demeurant très profitable, ne donnant que l'énumération des œuvres, sans entrer dans

1. Nous donnons en annexe le modèle d'un de ces bons de repas.

le détail de leur organisation et de leur fonctionnement. Nous n'avons pas l'intention de nous y livrer. Des esprits patients se sont cependant efforcés de le faire. Mais le cadre de leurs études ne dépasse généralement pas une ville. Berlin, Londres ont des ouvrages indiquant toutes les œuvres d'assistance publique ou privée de ces villes. Les travaux d'ensemble pour un pays tout entier ou n'existent pas, ou sont très incomplets, telle la *Belgique charitable*, ouvrage à coup sûr digne d'être consulté, mais rempli de lacunes, et visiblement conçu dans un esprit particulariste. Un groupe d'hommes connus pour leurs travaux philanthrepiques en Hollande, MM. de Dompierre de Chauffepié, Smissaert et Blankenberg, ont entrepris depuis deux ans un travail de ce genre. Plusieurs volumes ont éte déjà publiés par eux, les autres seront achevés vers le mois d'août prochain, date de l'avènement au trône de la jeune reine Wilhelmine. L'œuvre complète sera alors offerte à S. M. pour lui donner une idée aussi exacte que possible de toutes les institutions charitables existant dans son royaume, au début de son règne.

Ce sera, à proprement parler, le premier, le seul recueil véritablement fait avec précision dans les détails.

Suède et Norvège.

La Suède, la Norvège ne connaissent pas les grandes associations charitables. L'assistance publique, qui n'y est pas très développée, et dont le principal objet, en raison même de la loi, est l'hospitalisation des vieillards, suffit à peu près aux besoins de ces populations restées de mœurs primitives, habituées à vivre de presque rien sous un climat peu clément. Il semble que le législateur même se soit fait l'interprète du sentiment national en n'admettant pas l'état de pauvreté. Les accidents, les maladies, la vieillesse autorisent les demandes de secours publics, mais non celles qui proviennent du dénuement.

Dans les très rares villes peuplées de ces deux pays, Stockholm, Christiania, Gothembourg, où l'industrie en prenant de l'extension a pourtant fait naître, comme dans tous les milieux semblables, des misères imméritées, la simplicité des mœurs, la frugalité ont rendu plus facile à supporter l'extrême pauvreté. Néanmoins, les cœurs généreux qu'on rencontre, à la gloire de l'humanité, dans tous les pays, quel que soit leur degré de civilisation, ont pensé, malgré la loi, que la pauvreté était une cause d'assistance, et des sociétés privées se sont constituées à l'effet de secourir les indigents et les nécessiteux. Nous citerons *Fattighus sanghankens*, à Christiania, qui assure aux pauvres un gîte et la nourriture et qui distribue des secours en argent ; *The Fredrika bremer Association*, de Stockholm, qui a pour but « le développement logique des réformes morales, intellectuelles et économiques au profit de la femme » (1), et plusieurs Sociétés par-

1. L'*Union Fredrika Bremer* s'occupe : de l'administration d'une caisse d'épargne en cas de maladie pour les institutrices, les employées et les femmes occupées d'un travail analogue (demoiselles de magasin) ; de la fondation ainsi que de l'administration des bourses pour les étudiantes et les femmes qui exercent une profession (les jeunes femmes s'adonnent aux travaux de jardinage. Elles vont, à cet effet, dans une Ecole spéciale d'horticulture) ; par la voie de la législation et par l'influence de l'opinion publique d'étendre et de confirmer les droits de la femme mariée et d'appuyer les mesures contribuant à réformer la position sociale de la femme.

L'*Union Fredrika Bremer* donne des conseils judiciaires et économiques ainsi que des renseignements concernant les institutions scolaires et les carrières qui sont accessibles aux femmes ; dirige l'enseignement par écrit pour les jeunes filles, qui désirent continuer leurs études à domicile ; examine la littérature pour les enfants et la jeunesse et donne des conseils relativement au choix des livres ; s'occupe de l'amélioration des soins à donner aux malades, surtout à la campagne ; appuie

ticulières : *Les amis des nécessiteux, Les Fourmis* (1), etc., distributrices de secours aux pauvres, qu'un même lien unit, la Société *Liefdadighied naar vermogen*. Cette dernière joue le rôle de régulatrice et, en quelque sorte, d'administratrice générale. Nous en étudierons le fonctionnement quand nous traiterons de la centralisation des œuvres de bienfaisance.

Belgique.

En Belgique les sociétés privées sont en très grand nombre ; volontiers leur reprocherait-on d'être trop nombreuses... Car, si beaucoup d'entre elles rendent des services incontestés

les réformes dans l'habillement des femmes ; publie « Dagny », l'organe de l'Union ; procure des places pour les institutrices, les employées, les ménagères et les garde-malades, etc., etc.

La cotisation des membres de la Société qui jouissent des avantages de celle-ci varie, suivant l'âge, de 12 à 18 couronnes par an. La Caisse a été fondée au moyen de dons. En cas de maladie, la sociétaire, incapable de travailler, touche 1 couronne 50 ores par jour.

1. Cette Société tire ses recettes de la revente des objets de rebut, débris d'objets, vieux vêtements, etc., dont les ménages se débarrassent. Le produit de l'utilisation de ces divers déchets est employé au bénéfice des malheureux, principalement des orphelins et des vieillards.

et incontestables, qu'on peut apprécier aisément, combien n'existent que sur le papier, pour la galerie, ou pour l'amour-propre de quelques personnages en quête d'un prestige que ni leur situation sociale ni leurs talents n'auraient pu leur procurer ! Là, point de formes nouvelles, originales, d'assistance à étudier, mais, pour des formes anciennes, des mots nouveaux. Le philanthrope belge sait, à merveille, parer d'un titre attirant, propre à piquer la curiosité publique, à provoquer l'émotion, ou éveiller la sensibilité, les institutions charitables qu'il crée.

En aucun pays, peut-être, les établissements hospitaliers, hospices, hôpitaux, orphelinats, fondés et dirigés par des religieux, ne foisonnent autant qu'en Belgique. Dans leur lutte, jamais terminée, contre les catholiques, les libéraux belges ont senti l'influence de cette vaste organisation d'assistance, et ils ont essayé de lui en opposer une semblable. Mais on ne fonde pas des établissements de bienfaisance sans beaucoup d'argent; aux frais de construction s'ajoutent ceux, plus lourds, d'entretien. Il faut assurer l'existence de l'établissement par une dotation suffisante. Ce sont de gros débours. Au lieu de ces établissements dispendieux, la charité privée préfère venir en aide aux malheureux en leur distribuant des secours en argent, ou en nature. Ainsi s'explique-t-on qu'il y ait, en Belgique, un nombre si restreint d'établissements hospitaliers non religieux, au regard des milliers d'œuvres privées qui secourent les pauvres à domicile.

Une des principales préoccupations de la bienfaisance en Belgique est l'assistance aux pauvres honteux. Même les administrations communales — à Anvers, par exemple — ont des égards particuliers pour cette catégorie de malheureux trop dignes ou trop timides pour tendre la main et qu'il faut, ou découvrir, ou encourager à s'adresser à la bienfaisance sans les exposer à des contacts quelquefois humiliants.

A Bruxelles, une *Association pour secourir les pauvres honteux* fonctionne depuis 1853. Elle a pour mission de venir en aide aux personnes qui ont connu l'aisance et qui sont déchues par suite de revers immérités, ainsi qu'aux artisans momentanément dans le besoin par suite de maladie, de stagnation des affaires ou toute autre cause indépendante de leur volonté.

Elle secourt, sans distinction de culte, toute personne inscrite au registre de la population de Bruxelles ou de la banlieue.

A celles qui en sont jugées dignes elle accorde : des avances en argent, marchandises ou instruments de travail, remboursables sans intérêts, par acomptes mensuels ; des secours, en certains cas exceptionnels, lorsqu'il n'est pas possible de relever celui qui est tombé dans le besoin. Elle intervient également pour procurer aux enfants orphelins les moyens d'achever leur éducation ou d'apprendre un état. Au besoin, l'Association procure aux étrangers les moyens de se rapatrier.

Les secours de l'Association ne peuvent être accordés aux personnes aidées, ou en situation de l'être, par la charité légale ; ils ne peuvent non plus être alloués aux personnes soutenues déjà par d'autres associations, les sociétés de secours mutuels et les caisses de prévoyance exceptées.

Les secours permanents sont formellement interdits.

Cette société, placée sous le patronage du Roi, son président d'honneur, a réparti pendant l'exercice 1895-1896, entre Bruxelles et ses faubourgs, 10.410 prêts et 11.054 dons.

Les remboursements atteignent environ le quart des sommes avancées.

∴

Les sociétés privées de bienfaisance ne viennent en aide que par exception aux pauvres inscrits sur les registres de la charité officielle. Quelques-unes se donnent aussi pour mission d'engager les travailleurs à la prévoyance en s'affiliant aux syndicats professionnels et aux sociétés mutualistes. D'autres facilitent la recherche de positions ou de places.

Les dons en argent sont rares. En général (1) les secours temporaires consistent en bons de nourriture (pain, dîners, pommes de terre, viande, féculents), de logement, d'habillement ou de produits pharmaceutiques, et de journées de travail.

Les comités de direction de ces sociétés se réservent le droit de déterminer les allocations en argent, sauf pour les cas d'urgence où l'un des membres peut accorder un premier secours, de peu de valeur.

1. C'est ainsi que procèdent les principales sociétés philanthropiques de Bruxelles, *la Violette*, *la Société internationale de secours aux ouvriers* (celle-ci se distingue de *toutes* les autres associations charitables de cette ville en ce qu'elle ne procède à aucune enquête, et n'exige aucuns papiers d'identité de qui s'adresse à elle. Elle accorde un premier secours, en attendant que le pauvre puisse s'adresser aux autres sociétés).

L'organisation de certaines de ces sociétés est assez bien réglée. A la *Violette*, par exemple, la demande de secours est envoyée à un visiteur qui, après renseignements approfondis, visite et laisse, s'il y a lieu, un bon de deux pains et fait son rapport. Lorsqu'un visiteur conclut défavorablement, la demande est soumise au syndic pour arbitrage.

Les visiteurs réunis en comité d'étude élisent annuellement leur bureau ; ils tiennent séance tous les mois. Ils sont nommés par le Comité central sur les propositions du comité des visiteurs (1).

Dans les villes secondaires, Hasselt, Gand, etc., l'initiative privée vient largement en aide à l'assistance publique sans que les institutions créées par celle-ci aient la variété qu'on observe dans les grands centres.

A Hasselt, l'œuvre des *Dames de la Miséricorde*, dont font partie, sans distinction d'opinion, la majeure partie des dames de la ville, visite à domicile les indigents et leur distribue des vêtements, objets de literie, des layettes.

1. Au nombre des sociétés qui rendent aux pauvres de signalés services à Bruxelles on ne saurait passer sous silence l'*Union Française*, la plus importante des associations françaises de cette ville, et à côté d'elle la *Société Française de Bienfaisance*.

Subsidiairement, cette œuvre s'inquiète de régulariser la situation des ménages irréguliers qui demandent à être secourus.

En la même ville, une caisse locale des accidents du travail, alimentée par des souscriptions particulières, par le produit de collectes faites au cours de fêtes, de cavalcades, alloue des secours temporaires aux ouvriers de la ville victimes d'un accident; cela leur permet de vivre pendant l'instance qu'ils sont malheureusement et presque toujours obligés de soutenir contre les sociétés d'assurances qui garantissent les patrons de ces sortes de risques.

L'œuvre de Saint-Vincent-de-Paul, qui s'étend sur toute la Belgique, donne aux pauvres des bons de secours pour l'achat de marchandises chez certains boutiquiers.

Faut-il croire ce que des personnes honorables de la ville nous ont affirmé, à savoir qu'un mobile politique guiderait les membres de cette œuvre bien plus que la préoccupation sincère de soulager des misères?

*
* *

Privées du mari qui était leur soutien, à quel triste sort sont vouées les veuves, incapables de travailler ou ayant des enfants à élever!

Adoucir le sort de ces malheureuses est une des plus nobles tâches de la bienfaisance privée, car l'assistance publique la néglige trop souvent. L'*Œuvre des veuves*, à Gand, s'y emploie. Ne demandant à ses membres qu'une cotisation annuelle de un franc, elle les compte par milliers et dispose d'un budget avec lequel elle fait beaucoup de bien. Elle alloue des secours mensuels atteignant parfois dix francs. L'œuvre est mixte. Libéraux et catholiques contribuent avec une égale ardeur à son développement.

Mais la société qui, entre toutes, se distingue par ses moyens d'action est la *Société royale de philanthropie de Bruxelles*.

Cette institution célébra en 1878 son cinquantième anniversaire par des fêtes et cérémonies auxquelles prirent part des représentants de tous les pouvoirs publics, ministres, sénateurs, représentants de la Nation, de l'Administration communale, de la Magistrature, etc. C'est assez dire l'intérêt qui s'attache à l'œuvre et quelle influence elle a pu avoir sur la bienfaisance bruxelloise au cours de cette longue suite d'années.

Union, travail, persévérance, telle fut la devise qu'avait prise feu l'avocat Pauwels-Devis en fondant cette société en 1828. Ces trois mots en contiennent le programme.

La Société royale philanthropique pourvoit aux frais d'un hospice pour vieillards aveugles et incurables, érigé boulevard du Midi, sur un plateau élevé et salubre, et auquel une crèche gratuite est annexée; elle consent des avances aux petits pensionnés de l'Etat et des prêts sans intérêts, dans des cas tout à fait exceptionnels, en faveur de gens que l'avance d'une certaine somme peut remettre à flot.

La restitution est exigible dans un délai rarement plus court que six mois et n'excédant jamais deux ans.

En dehors de son hospice, de sa crèche et des deux caisses spéciales de prêts, la Société royale de philanthropie a constitué un service général de secours.

Tandis que les malheureux, pour qui l'hiver est toujours rude, peuvent s'adresser à elle pour obtenir du pain et de la houille, les malades en reçoivent les secours pharmaceutiques. A tous elle fournit des secours en argent. Mais son attention se porte surtout vers les pauvres gens qu'un accident a mutilés ou que la maladie a rendus impropres au travail en les privant d'un ou plusieurs membres. Elle tâche aussi de procurer des outils et des instruments aux ouvriers qui se trouvent dans le besoin, par impossibilité accidentelle de se livrer au travail. Elle visite les malades à domicile.

Destinée avant tout à prévenir la mendicité et à détruire l'oisiveté, dans la limite de ses pouvoirs et de ses moyens, la Société philanthropique soulage, aux termes de ses statuts, la classe indigente en général et particulièrement les pauvres honteux.

« Intervenir en temps utile, au profit de l'honnête artisan qu'une crise ou une maladie menace de réduire à l'indigence », telle est la mission de la Société royale philanthropique.

La Société, en secourant les indigents, s'attache à leur faire remarquer leurs défauts, leur donne de bons conseils pour les empêcher de céder à la paresse et à la malpropreté ou de se livrer à la dissipation et à la débauche.

Elle s'astreint, dit l'article 11, à la recherche la plus active, à l'examen le plus exact de la position de chaque nécessiteux, afin d'éviter de confondre la véritable avec la fausse indigence, et elle tâche toujours d'aller au devant des malheureux connus ou désignés pour être honnêtes et dignes de sollicitude.

Afin d'éviter que les mêmes ménages ne soient secourus en même temps par différentes administrations charitables, à l'insu l'une de l'autre et aux dépens de malheureux plus scrupuleux, la Société établit des rapports avec les institutions similaires.

Et, art. 12, elle distribue de préférence le produit des souscriptions et des dons qu'elle recueille :

1° Aux personnes spécialement recommandées par des sociétaires ;

2° Aux vieillards aveugles ou infirmes, aux veuves et orphelins ;

3° Aux ouvriers privés de travail ;

4° Aux ménages les plus éprouvés et les plus nombreux ;

5° Aux personnes qui, après avoir été dans une position aisée, sont tombées dans l'indigence par des circonstances indépendantes de leur volonté (1).

Depuis son origine, cette Société a distribué en secours de toute nature plus de *sept millions*. Il n'y a pas de constatation plus élogieuse (2).

Les pensions sont payées sans intérêts et sans frais, par les soins de la Société, soit par semaine ou par quinzaine, soit par mois ou par trimestre, au gré des titulaires et toujours de

1. Art. 10, 11, 12 des Statuts.

2. Il a été mis en circulation, en une seule année, 34.180 cartes de pain et 7.284 cartes de houille.

manière à leur donner de grandes facilités pour la vie et à soustraire les ayants droit à d'onéreux emprunts, en échelonnant à courte échéance le paiement de leurs termes.

∴

Au contraire de la Belgique, les Sociétés privées d'assistance se manifestent, en Angleterre, beaucoup plus par la fondation d'établissements hospitaliers que par la distribution de secours. Pour Londres seul on compte sept cent trente maisons diverses destinées aux pauvres, hôpitaux, hospices, maisons de convalescence, refuges, crèches, orphelinats, etc., contre deux cent cinquante Sociétés de bienfaisance proprement dites. Si ces dernières sont en si petit nombre cela tient évidemment à la grande quantité de Sociétés de secours mutuels. Les travailleurs anglais sont presque tous inscrits à l'une de ces sociétés, et l'on ne se gêne pas, dans les milieux administratifs, pour considérer comme de mauvais ouvriers ceux qui n'appartiennent à aucune société de secours mutuels.

Presque toutes les corporations de la cité : employés de banque, boulangers, quincailliers, relieurs, cordonniers, horlogers, cabaretiers, ont des associations pour distribuer des secours à leurs pauvres. La plupart de ces associations sont des sociétés de secours mutuels.

N'est-il pas surprenant que dans ce pays où l'on a tant maudit l'assistance officielle, qui se résume dans un établissement, le *workhouse*, l'initiative privée n'ait pas cherché à en éviter le séjour aux pauvres en pratiquant largement l'assistance à domicile?

Fait frappant, ces sociétés de bienfaisance ne se contentent pas de compter, au nombre de leurs adhérents, des riches bourgeois, des clubmens titrés, elles ont pour patrons les plus aristocratiques notabilités de l'Angleterre. La reine Victoria en préside — d'honneur — une centaine. Sir John Lubbock, député de l'Université de Londres à la Chambre des Communes, savant très connu, l'un des premiers banquiers de Londres, membre de l'Académie des sciences, est président du Conseil d'administration de *Royal London ophtalmic hospital ;* le marquis de Ripon, ancien vice-roi des Indes, est à la tête de *Western ophtalmie hospital*, etc.

CHAPITRE II

CRÈCHES. GARDIENNAGES

Evolution dans les mœurs de la famille. — Travail de la femme au dehors. — Nécessité de faire garder les enfants. — L'institution des crèches. — La Suède et la Norvège les ignorent. — Comment elles sont comprises en Hollande et en Angleterre. — Tableau d'une crèche hollandaise. — Détresse des crèches de Londres. — Les efforts de la Belgique et de l'Allemagne. — L'Institut Martha à Cologne. — Le régime des crèches : heures d'entrée et de sortie, conditions d'admission. — Principe de la rétribution. — Ostracisme contre les filles-mères. — Influence des saisons sur la fréquentation des asiles d'enfants. — Caractère religieux de certaines crèches. — Classes de garde. — Les ouvroirs pour enfants pauvres à Stockholm. — Leur but. — Résultats obtenus. — Travaux des bambins. — Un ouvroir au delà du cercle polaire.

Les Crèches.

Nous sommes loin du temps où les orateurs, les écrivains proclamaient que la jeune fille, que la femme doit être l'ange du foyer domestique et que les seuls travaux du ménage doivent l'occuper. Alors, les penseurs, tous ceux qui se piquaient de libéralisme et dont l'horizon s'étendait au loin sur l'humanité, combattaient le travail des femmes dans les ateliers, hors de chez elles. Corruption, démoralisation : ainsi résumait-on les effets du travail féminin dans le commerce et l'industrie.

Destinée à être la compagne de l'homme, aucun autre rôle ne lui convenait que celui de gardienne du logis. Le rayonnement de sa beauté, un regard de tendresse, une parole consolatrice à l'homme qui rentrait fatigué d'une journée de labeur, voilà ce qu'on demandait à la femme, le rôle que la Pensée lui assignait.

Il y a de cela cinquante ans, et même un peu moins.

Autres temps, autres mœurs. Les idées ont marché, et, plus qu'elles, la science et l'industrie. Ce que les philosophes et les sociologues de 1848 blâmaient est aujourd'hui défendu, prôné, encouragé... Une à une les portes s'ouvrent pour les femmes dans les usines, dans les ateliers, dans les magasins, dans les administrations. Les grandes maisons de commerce les emploient de préférence aux hommes pour la tenue des écritures ; elles deviennent postiers et télégraphistes, occupent une bonne partie des casses dans les imprimeries, sont doctoresses, avocates...

Et au fur et à mesure que grandit le péril du machinisme, et que les progrès de celui-ci réduisent les besoins du marché comme du travail, un nombre plus considérable de bras, ceux des femmes, s'ajoutent à ceux déjà inoccupés, sans qu'il vienne à l'esprit de nos théoriciens qu'il y a là une cause extrêmement grave d'avilissement des salaires.

Evincés de l'atelier, du bureau par la femme, les hommes commencent à prendre peur. Ils se défendent. De quelle façon ? on l'a vu il n'y a pas longtemps pour les dessinateurs industriels du quartier du Sentier. Ce n'est plus au nom de principes moraux ni d'humanité qu'on veut, comme autrefois, interdire l'accès de l'atelier à la femme ; le motif est moins noble. Il s'agit pour les hommes de défendre leur pain, leur situation, leur droit au travail.

C'est le *struggle for life* dans toute sa laideur.

Voudrons-nous l'empêcher ? Mais vouloir et pouvoir font deux, dit la sagesse populaire. Pour le moment, l'observateur n'a qu'à constater les faits. La femme doit gagner sa vie, c'est la formule du jour. Saine formule assurément mais qui comporte bien des exceptions. La femme qui est privée des avantages de la vie conjugale n'a, d'habitude, d'autre ressource que de travailler au dehors ; si elle a des enfants, elle est obligée de les faire garder ; il en est ainsi pour les veuves, les femmes divorcées ou séparées de leurs maris et les filles-mères délaissées. Mais même lorsqu'elle a un mari qui pourvoit de son mieux aux besoins de sa famille, la femme, dans bien des cas, ne peut se confiner dans les soins intérieurs du ménage. Le salaire de l'ouvrier étant le plus souvent insuffisant pour nourrir sa famille n'est-il pas raisonnable que la femme y vienne ajouter le sien ? Deux salaires valent mieux qu'un ? Soit... quoique... Mais passons... Comment gagner ce salaire ? « Les travaux à faire chez soi », extrêmement limités, ne se paient pour ainsi dire pas. Les entrepreneurs aiment bien à avoir « sous la main » leurs ouvrières, à l'atelier ; puis, les travaux de fabrique ne peuvent pas être emportés. La mère, obligation inéluctable, doit donc quitter sa maison de bonne heure, en même temps que son mari, pour n'y rentrer qu'avec lui. Mais elle a des enfants, cette femme. Elle vous dira même « *que ça vient plus vite que des rentes* ». Que deviendront-ils, où iront-ils tout le jour ? A l'école s'ils sont en âge d'y aller et s'ils n'ont pas l'humeur vagabonde ! Mais leurs cadets, les derniers venus de la famille ? Qui en prendra soin ? La Philanthropie a répondu à la question en créant les crèches. Si nous en croyons un opuscule paru à Bruxelles à l'occasion du cinquantième anniversaire de la *Société royale philanthropique* de Bruxelles, le premier asile de l'enfance connu sous le nom de « Crèche » aurait été établi à Liège par un instituteur français du nom de Duflot qui était venu se fixer en cette ville. La crèche, installée dans un ancien couvent qui avait servi d'hôpital en 1815 aux blessés de Waterloo, prospéra pendant deux ou trois ans. Puis elle disparut sans qu'on sache exactement pour quelle cause. Il est probable, tout simplement, qu'elle ne répondait pas encore à un besoin véritable. Le brave Duflot était venu trop tôt. Vingt ans plus tard, à Paris d'abord (1845), puis à Bruxelles, (1845) deux ou trois crèches s'ouvrirent.

L'idée plut, elle était touchante. Mais elle ne fit pas grands progrès. Et ce n'est que depuis quelques années qu'elle s'est vraiment propagée, et qu'on s'est efforcé de la réaliser dans les régions de grande industrie principalement. Aucun pays, à ce point de vue, n'a autant ni mieux fait que la France et particulièrement Paris, en ces dernières années. La Suède, si elle a des asiles d'enfants intéressants à étudier par le double but qu'ils poursuivent de gardiennage et d'enseignement manuel, ne connaît pas les crèches proprement dites. La Norvège les ignore aussi. Ce sont des pays agricoles surtout. Dans les très rares villes de la Scandinavie, le commerce et l'industrie ne sont guère développés. On y vit de peu. L'homme suffit à la tâche. La nécessité du travail hors du logis ne se fait pas sentir à la femme dans ces contrées. Le Suédois aime la vie d'intérieur, son *home*. Or, nulle vie d'intérieur sans la présence continue de la ménagère.

En Hollande, où, cependant, dans certaines villes comme Amsterdam, La Haye, Rotterdam, grouille une population misérable, prolifique en raison directe de son indigence, la crèche n'existe pour ainsi dire pas. Ce n'est plus seulement la loi, c'est la charité privée qui refuse d'intervenir pour de pareilles œuvres. « Il faut éviter tout ce qui peut dé« charger les familles des devoirs naturels qui « leur incombent », nous disait un philantrophe néerlandais. Voilà pourquoi les sociétés privées se soucient médiocrement de fonder des crèches. Les enfants, par centaines, peuvent se traîner à moitié nus dans les rues n'ayant sur la peau que des loques sales et déchirées, criant aux riches, qui vont à leurs affaires ou à leurs plaisirs, leur pauvreté par tous ces trous, ceux-ci n'en auront aucun souci. La pensée de recueillir ces enfants ne leur viendra même pas. Ce serait prendre une part de la responsabilité des parents... et les principes veulent que cette responsabilité demeure entière.

Aussi il faut voir comment sont comprises les rares crèches de la Hollande.

Le premier local venu est utilisé. Dans une crèche d'Amsterdam, les enfants sont *parqués* comme des moutons au rez-de-chaussée, à l'extrémité d'une longue pièce à peine éclairée, dont la première partie, séparée de la seconde par une mince cloison vitrée, sert à la fois de cuisine et de salle à manger pour le personnel. En disant « parqués » je n'exagère rien, je crois rendre aussi exactement que possible le tableau, que j'ai vu, de 44 enfants couchés *les uns sur les autres*, pêle-mêle, *par terre*, entourés d'une claie comme des brebis dans une bergerie.

Les nouveau-nés sont au premier étage dans une petite salle d'un appartement, où l'on a trouvé le moyen de placer 28 berceaux. Et de partout, du haut comme du bas, partent des bruits de toux ininterrompus, qui disent assez que la coqueluche est dans les rangs de ces pauvrets.

Mieux installée est la crèche de La Haye. Qu'elle est loin cependant de remplir les conditions désirables ! Ici, fort heureusement, la bonne volonté du personnel supplée à l'insuffisance relative de l'aménagement des locaux (1). La directrice et ses aides jouent du matin au soir avec les enfants qui ont, pour s'amuser, une petite cour sablée où ils peuvent réaliser le rêve de leur âge : faire des pâtés. Des jeunes filles de bonnes familles viennent voir les bambins dans la journée et se mêlent à leurs jeux. Rien d'administratif en tout cela.

Un pays pourrait toutefois se vanter, s'il y avait de quoi, de n'être pas plus avancé que la Hollande pour l'organisation des asiles

1. La chambre de repos dans laquelle les enfants dorment après le repas sur le parquet matelassé reçoit 20 enfants : elle est manifestement trop petite.

d'enfants : c'est, qui le croirait? l'Angleterre. Il n'y a pas dix crèches à Londres, et encore se demande-t-on s'il ne vaudrait pas mieux qu'elles n'existassent pas quand on voit, comme à *West London Mission Crèche, Craven Hall*, des enfants aux vêtements sordides, aux visages sales, dormant sur leurs chaises dans une espèce de grenier malpropre et n'ayant, pour toute gardienne, qu'une laveuse de vaisselle...

Il n'y a guère que la Belgique et l'Allemagne où l'on s'inquiète un peu du sort réservé aux enfants dont les parents travaillent en ville toute la journée, bien que la préoccupation soit assez récente dans le second de ces pays pour les enfants du premier âge. A Berlin, notamment, l'opposition est encore vive contre la création des crèches. Des cinq ou six qui fonctionnent en cette ville, quatre dépendent des paroisses, une autre a été fondée par une société particulière.

Les maisons où ces crèches sont installées manquent d'air, de lumière, de gaîté. Les salles y sont exiguës, la hauteur du plafond y est insuffisante. Dans une de ces crèches quarante enfants trouvent place dans une salle de peu d'espace où vingt personnes ne tiendraient pas. L'école gardienne, qui, neuf fois sur dix, accompagne la crèche et la complète, est dans les mêmes conditions.

A Cologne (Klein-Kinder-Bewahr-Anstalt, Marthastift), à l'Institut Martha pour jeunes enfants), les enfants sont couchés sur des tapis, à terre.

En Belgique aussi les crèches sont parfois bien sommairement installées et les règles élémentaires d'hygiène enfantine n'y sont pas observées. Dans l'une de ces crèches, à Bruxelles, la salle d'habillage et de déshabillage des bébés est si petite que l'air n'y est pas respirable dès que cette opération est terminée, et elle ne dure que quelques minutes !

A Gand, où, cependant, un comité de trente dames patronnesses s'intéresse de la plus louable façon à l'œuvre des crèches, le dortoir d'une de ces crèches sert en même temps de cuisine : un grand fourneau y est installé pour la préparation des aliments. Dans une autre crèche bruxelloise (l'on comprendra que nous ne désignions nominalement aucune œuvre dans cette critique d'organisation, car elles sont toutes inspirées par un ardent désir de bien faire) on a pris la presque totalité de la cour de récréation pour édifier un nouveau bâtiment.

C'est cependant en Belgique (où s'ouvrit l'une des premières crèches, en 1845) qu'elles laissent encore le moins à désirer. Les crèches Marie-Henriette à Anvers, par exemple, sont très convenablement aménagées. Les salles suffisamment grandes sont aérées par de larges fenêtres et par des ventilateurs fonctionnant sans arrêt. Couverts entièrement de carreaux de faïence blancs, les murs sont à l'abri de l'humidité, se nettoient commodément et donnent un air de fraîcheur et d'extrême propreté aux pièces.

Partout les enfants qui ne sont pas encore en âge de prendre de la nourriture boivent du lait bouilli coupé d'eau. L'usage du lait stérilisé est inconnu. Dans une crèche paroissiale de Berlin où l'on avait commencé d'en donner on y a renoncé, parce que « ça ne vaut pas mieux que le lait ordinaire » ! La sœur de charité protestante qui nous faisait cette déclaration eût été sans doute en peine de l'appuyer d'aucune observation sérieuse. Les enfants ne sont pas pesés à la crèche, où le médecin ne vient (il en est ainsi pour presque toutes les crèches allemandes, hollandaises et belges) que deux ou trois fois par semaine. Il est donc assez difficile de savoir si les enfants profitent plus ou moins de tel ou tel mode d'alimentation. Avancer que le lait stérilisé ne vaut pas mieux que le lait bouilli n'est qu'une affirmation en l'air. Par contre, à la crèche de Grimberghe, fondée à Bruxelles, sous les auspices de la Société des enfants martyrs, on se montre satisfait de l'emploi du lait stérilisé, et le service médical de l'établissement offre volontiers des preuves à l'appui de cette affirmation.

Les repas sont plus ou moins nombreux ou copieux. A Anvers, Bruxelles, Gand, etc., les enfants ont la collation trois fois par jour avec de la panade, du riz au lait, du bouillon ou du café au lait et des tartines beurrées. Jamais ils n'ont de viande : les médecins le défendent. En Hollande, au contraire, de la viande est donnée avec des légumes, pois, pommes de terre, etc. A Cologne, le repas de midi se compose de soupe, de fèves et d'eau.

D'une ville à l'autre les heures d'entrée et de sortie des enfants varient, mais légèrement. Elles sont sensiblement les mêmes pour tous les pays : de 7 heures du matin à 8 h. 1/2 du soir, en Hollande; de 8 h. à 8 h., en Angleterre. En Allemagne les différences s'accusent davantage de ville à ville. A Cologne, dans certaines crèches, les enfants y sont conduits à 6 h. 1/2 du matin et en sortent à 4 h. 1/2. Aux crèches protestantes de Hambourg la garderie dure 12 heures, de 7 h. du matin à 7 h. du soir. A Berlin, les enfants sont gardés de

6 heures le matin à 7 heures du soir ; à Elberfeld, de 8 heures à 8 heures, etc.

De même pour les formalités d'admission et la rétribution journalière. En général, la première condition exigée de la mère de famille qui conduit ses enfants à la crèche ou à l'école gardienne est qu'elle travaille hors de chez elle. Et cela se comprend. Il ne faudrait pas que, créées pour venir en aide aux mères nécessiteuses qui sont obligées d'aller gagner leur pain loin du logis, ces œuvres servissent à favoriser les femmes coupables que le plaisir, et non le travail, porte à abandonner leurs enfants durant une partie du jour. Exceptionnellement, dans quelques crèches, on admet les enfants dont les mères travaillent chez elles dans de mauvaises conditions hygiéniques ou à des ouvrages qui présentent un danger pour la santé de l'enfant.

Quelques crèches cependant acceptent les enfants sans autre formalité que le versement par les parents de la rétribution de garderie. A très peu d'exceptions près (1), aucune crèche n'est gratuite. Le principe du paiement

1. De ce nombre est la crèche annexée à l'Hospice des vieillards et aveugles, par la Société royale de philanthropie de Bruxelles, depuis 1845.

en est déclaré nécessaire tant pour ôter à l'assistance accordée le caractère d'aumône que pour habituer les pauvres à faire un effort, si petit soit-il. L'espoir de récupérer une partie des dépenses de l'établissement n'est pas, non plus, étranger, dans bien des cas, à cette perception.

Celle-ci diffère suivant les lieux. En Hollande, où elle est de 10 cents (21 centimes) par jour, les mères de 3 enfants bénéficiant d'une réduction ne paient que 25 cents.

A Londres, chaque enfant paie de 4 à 6 pences par jour. En Allemagne, tandis qu'on paie 30 pfennigs *par tête et par jour* à Cologne et à Berlin, on n'en demande que 50 *par semaine* à Hambourg.

L'idée de réduire la cotisation proportionnellement au nombre des enfants est commune à divers pays, la Hollande, la Belgique, l'Allemagne.

A Bruxelles (crèche de la Société protectrice de l'Enfance), rue T'Kint, les prix sont les suivants : 1 enfant, 0 fr. 75 ; 2 enfants, 1 fr. 20 ; 3 enfants, 1 fr. 50.

Il n'y a que les filles-mères qui ne soient pas admises au bénéfice de ce tarif de faveur. Alors que l'exonération ou une diminution de la rétribution est accordée en beaucoup d'endroits aux femmes pauvres dont une enquête a établi l'insuffisance de ressources, la fille-mère supporte la charge maximum. En aucun cas elle n'a droit à une diminution. A Berlin, les crèches perçoivent trois contributions : 1 mark 50 par semaine pour les enfants légitimes de l'arrondissement; 1 mark 70 par semaine pour les enfants légitimes étrangers à l'arrondissement; 2 marks par semaine pour les enfants des filles-mères *abandonnées* ou vivant maritalement.

« Il ne faut pas engager ces « filles » à continuer leurs « erreurs », en allégeant le fardeau de leur faute. » Ainsi s'exprimait devant nous une des dames les plus charitables de Berlin, sans songer à se demander, elle chrétienne, s'il était juste ou simplement humain de châtier la mère dans l'enfant. Ailleurs on va plus loin. Dans les crèches de la Société protestante de Hambourg il n'y a pas de place pour les enfants illégitimes. Ils sont impitoyablement refusés..., bien que sur les murs de l'établissement s'étale en gros caractères, comme un outrage à la mémoire de celui qui la prononça, cette parole du Christ:

« *Laissez venir à moi les petits enfants* ».

Etonnez-vous ensuite que les statisticiens allemands dénoncent l'effroyable mortalité des enfants et surtout des enfants illégitimes !

∴

A quel âge accepte-t-on les enfants et jusqu'à quel moment? A partir du quinzième jour, généralement jusqu'à 2 ou 3 ans, pourrait-on répondre à cette question. Mais il n'y a rien de bien réglé à cet égard.

Dans les crèches convenablement organisées, aucune admission n'est prononcée sans que le médecin ait, au préalable, donné son avis. Le certificat de vaccin ou le consentement des parents à ce que l'enfant soit vacciné sans retard est presque toujours exigé. Une obligation assez répandue, et que l'on retrouve en Hollande, en Allemagne et en Belgique, est, pour les mères, de venir allaiter leurs enfants entre midi et 1 heure. Les administrateurs des crèches tiennent à cette pratique qui a l'avantage, prétendent-ils, de reculer l'époque du sevrage de l'enfant.

Dans tous les établissements que j'ai vus, l'échange des vêtements de l'enfant contre un habillement de la crèche se fait régulièrement et est par conséquent obligatoire.

∴

Malgré le dévouement de leurs fondateurs,

ces crèches ont du mal à vivre de leurs propres ressources : Ni les cotisations des membres d'honneur et des membres participants, ni les collectes extraordinaires faites dans les cafés par des sociétés comme le Conservatoire africain, en Belgique, ni les rétributions des familles ne suffisent à couvrir les frais d'entretien. Presque toutes ces institutions ne parviennent à joindre les deux bouts, à boucler leur budget, que grâce au concours des autorités locales, concours qui se manifeste sous la forme d'une allocation de subvention ou d'une exonération de loyer pour les locaux communaux dans lesquels sont installées les crèches. A Bruxelles, la municipalité met comme condition à l'allocation de ce crédit que les classes soient faites (à l'école gardienne) par une institutrice diplômée. La municipalité se réserve également le droit de faire inspecter une fois par mois, et plus s'il lui convient, les locaux de la crèche par le médecin du bureau municipal d'hygiène.

∴

Que les crèches doivent rendre des services à la classe ouvrière, nul ne s'aviserait de le nier. Comment se fait-il alors qu'en beaucoup de villes il faille encourager leur fréquentation (1) par la distribution de prix, objets de literie, vêtements, livrets de caisse d'épargne aux parents et aux enfants ? Est-ce parce qu'une cotisation est demandée et que l'ouvrier, malgré sa modicité, la trouve trop lourde? Est-ce parce que les mères redoutent de laisser leur bébé aux mains d'étrangères et qu'elles préfèrent le confier à la garde d'une voisine ? Est-ce encore par crainte que les enfants ne contractent quelque maladie contagieuse, danger reproché à tort ou à raison aux crèches ! La population des crèches est plus nombreuse en hiver qu'en été. La constatation ne surprend pas. Pendant la rude saison, les frais du ménage sont plus élevés, la femme a besoin de s'employer au dehors à arrondir le budget de la famille. La vie, plus douce pendant les beaux jours, lui permet de rester à la maison, d'y garder les enfants ou de les laisser courir les rues sous la surveillance de l'aîné d'entre eux. Parfois, l'appât de distribution de vêtements, de chaussures, d'objets divers à la Noël (2),

1. Bruxelles.
2. La directrice de la crèche de la Société des dames d'Elberfeld (Krippe Elberfeld frauen-verein) nous contait

par exemple, n'est pas étranger à l'envoi de l'enfant à la crèche.

Mais comment comprendre qu'à Gand, entre autres villes, il n'y ait guère dans les crèches que des enfants d'artisans et d'employés, tandis que les ouvriers des fabriques pour les enfants desquels elles furent instituées ne les y envoient pas ? Il est vrai, par compensation, qu'à Anvers les crèches ne suffisent point aux besoins de la population ouvrière : les expectants sont nombreux.

⁂

Dans la majorité des cas, les statuts des crèches portent que les enfants sont reçus sans distinction de culte ou de nationalité. En conclure que ces œuvres n'ont aucun caractère confessionnel serait se tromper.... Derrière les mots il convient d'examiner les faits : ceux-là ne sont guère d'accord avec ceux-ci.

A Berlin, les crèches dépendent entièrement de l'Eglise et font corps avec elle, ou sont créées à l'instigation des pasteurs par des phi-

que les parents tiennent beaucoup à cette distribution de petits cadeaux et qu'elle est la cause de l'assiduité des enfants à la crèche *jusqu'à la fin du mois de décembre.*

lanthropes. On y déclare respecter volontiers une stricte neutralité religieuse, mais on exige des parents chrétiens qu'ils fassent baptiser leurs enfants. Il est, dès lors, permis de supposer que le pasteur de l'église dirigeante apporte de l'empressement à « sauver l'âme » des petits enfants non luthériens qui sont admis à la crèche.

Pénétrez dans certaines crèches de la Société protestante de Hambourg et cette supposition se fortifiera, prendra bientôt de la consistance, tournera presque à la conviction lorsque vous aurez visité la maison où tout respire un air de religiosité excessive, depuis le vestibule jusqu'à la chapelle spacieuse, qui occupe la moitié de l'immeuble et qu'on ne manque pas de vous montrer avant les locaux mêmes de la crèche.

Quoique l'impression qu'un zèle religieux anime trop exclusivement les fondateurs ou administrateurs des crèches soit moins vive en Belgique, on la ressent encore néanmoins. Comment en serait-il autrement lorsqu'on entend balbutier la prière en commun par les enfants des crèches de Bruxelles où cependant on prétend professer une complète indifférence pour la religion des parents ? Ce sentiment ne peut guère s'allier avec ces pratiques religieuses.

« Bast! » nous répondait à cette question la directrice de la crèche la mieux tenue de Bruxelles, « à l'âge de ces bambins cela n'a « pas d'importance ! »

Gardiennage.

Les établissements qui reçoivent des enfants avant qu'ils aient l'âge de fréquenter les écoles primaires changent de nom selon l'époque de l'enfance pour laquelle ils sont créés. En ces dernières années, en France, on s'est plu à faire une différence entre les nouveau-nés et les jeunes enfants. Les premiers sont recueillis à la *pouponnière;* c'est pour les seconds que la crèche semblerait avoir été inventée. A l'étranger la crèche abrite tous les enfants ayant moins de 2 ou 3 ans. Après cet âge, où change la nature des soins à donner à cette petite population, le local prend le nom d'*école-gardienne* ou, simplement, de *gardiennage.*

Faisant corps, administrativement, avec la crèche, dont elle est le prolongement, le complément, l'école-gardienne, presque toujours, est installée dans le même immeuble que la crèche. Ordinairement, la crèche occupe le rez-de-chaussée, et le gardiennage le premier étage. Les observations sur l'état des locaux, les soins médicaux, le fonctionnement en un mot des crèches s'appliquent donc aussi aux gardiennages. Là, les enfants sont reçus jusqu'à six ans, sont instruits d'après la méthode Frœbel. L'instruction du gardiennage est beaucoup plus développée que celle des crèches. En Allemagne, à Berlin, où le nombre des asiles est si restreint pour les enfants du premier âge, des écoles-gardiennes, en grand nombre, sont ouvertes dans tous les quartiers. Certaines de ces œuvres sont dirigées par l'Eglise, d'autres par des sociétés privées. Il en est qui sont placées sous la direction de la députation des écoles de la ville. Dans plusieurs de celles-ci, les parents paient en hiver de 1 à 4 marks de supplément, par mois, pour le chauffage.

Classes de garde.

Recueillir les enfants trop jeunes encore pour être admis dans les écoles primaires était la première œuvre qu'il fallait évidemment songer à créer, celle qui s'imposait tout naturellement à l'esprit des philanthropes soucieux d'éviter à la jeunesse le dangereux contact et les exemples pernicieux de la rue. Mais les écoliers sont exposés avant et après les heures d'ouverture et de fermeture des classes aux mêmes dangers. Le vagabondage les guette, et le mal peut, à cet âge, plus facilement se propager, gagner de proche en proche. Si l'on ne veut pas courir le risque de perdre le fruit des premiers efforts déployés il faut donc élargir le cercle qui, déjà, enferme la crèche et l'école-gardienne.

La création des *classes de garde*, où les enfants des écoles primaires peuvent venir avant l'heure réglementaire d'ouverture de l'école et rester après la fermeture, pourvoit à cette nécessité.

En Suède, et dans quelques villes de l'Allemagne, l'organisation de ces classes de garde offre des particularités à signaler.

Les cours des écoles publiques allemandes finissent en hiver à une heure de l'après-midi, à midi en été. Les classes de garde dues à l'initiative privée permettent aux enfants de demeurer à l'abri le reste du jour jusqu'à sept heures.

Le local de ces classes de garde est aussi voisin que possible de l'école. Souvent c'est une salle prêtée par la ville. Il en est ainsi à Berlin pour plusieurs gardiennages. Y sont admis les élèves des écoles primaires dont les mères travaillent en atelier. Les instituteurs facilitent *quelquefois* la tâche des personnes qui dirigent ces institutions...

Dans la salle disposée comme une classe ordinaire avec bancs-tables, les garçons font leurs devoirs, les filles s'occupent de menus travaux manuels, tels que raccommodage et tricotage, sous la surveillance d'instituteurs et d'institutrices diplômés. Pendant une bonne partie du temps les enfants jouent.

Le gardiennage est gratuit. Toutefois les enfants doivent payer 50 pfennigs par semaine (environ 60 centimes) pour le petit repas, café et soupe, qu'on leur sert au milieu de la journée.

Nombreuses sont ces classes de garde dans tous les quartiers, principalement dans les quartiers populeux. Il n'y en a cependant pas encore assez et, dès qu'on en ouvre une nouvelle, les demandes d'admission affluent, de beaucoup supérieures aux places disponibles.

∴

Les *Arbetsstugor for barn* (ouvroirs pour les enfants pauvres) fondés en 1887 à Stockholm répondent à une double préoccupation : recueillir les enfants après la classe terminée, afin qu'ils ne courent pas les rues, et leur inculquer le goût, l'amour du travail. Si nous en jugeons par ce que nous avons vu, les initiateurs de cette œuvre ont atteint leur but. Point n'est besoin de propagande pour attirer les enfants à ces refuges. Ils y viennent presque d'eux-mêmes, et leurs parents ne se font pas prier pour les y conduire.

De cinq heures à huit heures du soir, les enfants admis dans ces asiles gratuitement, de huit à douze ans, s'exercent aux ouvrages manuels, non sous la conduite de maitres moroses enseignant gravement, mais avec des institutrices dont l'enjouement captive les élèves. Ne croyez pas, pour cela, que ceux-ci manquent d'application. Ils sont au contraire pleins d'ardeur : l'amour-propre y entrant pour une part. Ils veulent, l'un pouvoir rapiécer un soulier, un autre raccommoder un bas et s'en vanter le soir devant leurs parents. Ou bien encore ils prennent plaisir à confectionner des corbeilles et des paniers en osier, des chaises, de petites tables en rotin, tout une série de légers ouvrages dont ils connaissent l'utilité et dont ils sont fiers d'être les artisans. Et, ma foi, comme rien ne s'accomplit en ce monde — la nature humaine étant ainsi faite — sans qu'un peu d'intérêt s'y trouve mêlé, on a eu l'idée de payer, oh ! modestement, les enfants pour le travail qu'ils emportent et font à la maison. Quelle joie pour eux de se dire qu'*ils ont gagné* quelques *ores* qui seront versés à leur compte sur un livret de caisse d'épargne ! Les garçons se croient déjà des hommes, les petites filles des femmes. Ils ont le sentiment de la prévoyance ; ils comprennent la joie d'œuvrer, ils aiment le travail. Et cet amour est si réel que pendant l'époque de fermeture des écoles, ils cherchent à obtenir du travail *même non rétribué*, pour occuper leurs vacances. Si jamais institution a réalisé l'idéal qu'elle s'était proposé, n'est-ce point l'*Arbetsstugor for barn ?*

Le fonctionnement administratif de ces ouvroirs pour enfants est fort simple. Un comité central dirige l'œuvre qui compte à Stockholm seulement dix établissements. Chacun de ces ouvroirs est administré par un comité local relié au comité-directeur. Il existe de ces maisons de travail dans les paroisses Adolphe Frédérick, Saint-Jacques et Saint-Jean, Sainte-Catherine, Sainte-Claire, Kungsholm, Sainte-Marie, Saint-Nicolas, Ostermalm (1).

1114 enfants ont passé en 1896 par ces

1. Ces ouvroirs secondent trop les vues des administrations communales pour que celles-ci ne les encou-

ouvroirs. Leurs travaux divers de vannerie, de menuiserie, de couture, etc., ont émerveillé, non sans raison, les visiteurs de l'Exposition de Stockholm en 1897. L'idée de ces ateliers où les enfants prennent, en chantant, le goût du travail manuel a bien vite séduit les esprits simples, honnêtes de ceux qui s'appellent volontiers les « Français du Nord ». Dans presque toutes les villes de la Scandinavie, semblables ouvroirs fonctionnent: remède excellent contre la mendicité enfantine devenue fort rare en ces régions. Et il n'y a pas très longtemps qu'un homme de grand cœur, doublé d'un lettré délicat, M. Stadling, l'auteur de *Dans les terres du comte Tolstoï* (In the land of Tolstoï), établissait un de ces ouvroirs, au delà du cercle polaire, dans le grand village de *Tornea*. Là ce ne sont pas seulement les enfants qui profitent des leçons de l'institutrice, les vieux y assistent et, à leur tour, s'habituent à confectionner mille objets divers. Ainsi, enfants et vieillards, blondes têtes et têtes chenues, comme les anneaux ininterrompus de la longue chaîne humaine, s'assemblent pour chanter en chœur l'hymne au travail, maître et libérateur du monde.

ragent pas. A Stockholm, la subvention accordée par la ville atteint 8,000 couronnes (environ 11.000 francs).

CHAPITRE III

ASSISTANCE SCOLAIRE

Colonies scolaires, distributions de vêtements, soupes, etc. — L'Association des dîners d'école à Londres : 632.000 repas fournis chaque hiver. — Les promenades à la campagne. — L'assistance aux enfants en Belgique : Charité et politique. — Les *Marçumvins*. — Le « dîner de la première communion ». — Le « *Grand air pour les Petits* ».

∴

Deux causes peuvent expliquer le peu de développement des crèches dans les pays industriels où, cependant, ces œuvres seraient utiles. La première, que ne dissimulent pas les philanthropes hollandais, c'est la peur, éprouvée par les personnes charitables, d'encourir une responsabilité du fait de la garde des enfants aux lieu et place des parents. Si l'on songe aux instituteurs français que des arrêts de justice ont, plus d'une fois, rendus responsables d'accidents survenus à des écoliers dont ils avaient la surveillance, on n'aura pas de peine à comprendre le peu d'empressement apporté, pour ce motif, à la fondation des crèches.

Une autre cause explique encore l'indifférence de la philanthropie pour les asiles d'enfants. Ce sont des organisations à créer de toutes pièces, des locaux à aménager, une administration à mettre en mouvement, en un mot un établissement à établir avec des sujétions d'entretien, de fonctionnement. La charité privée, même dans les pays où elle est très consciente de sa force, recule devant les complications : elle est simpliste. Elle aime les résultats immédiats, faciles à obtenir. L'enfance, en tous lieux, est l'objet préféré de sa sollicitude à la condition que le rôle de saint Vincent-de-Paul soit agréable et commode à remplir. On ne ménage pas sa bourse, on donne de l'argent, pour les enfants pauvres, mais dans un but qui ne varie guère : les nourrir, les vêtir et procurer à ceux qui sont débiles un peu d'air salubre pendant la belle saison. Les distributions de vêtements, les soupes et les colonies scolaires existent par conséquent dans la plupart des pays, et il serait difficile de signaler, en cet ordre d'idées, aucune institution originale. Les administrations locales laissent partout agir l'initiative privée. Elles se bornent à seconder celle-ci par l'octroi de subsides.

C'est surtout en Belgique, en Allemagne et en Angleterre qu'il faut aller pour rencontrer en grand nombre ces œuvres de l'Enfance. *The Schools' dinner Association* ou Association des dîners d'école à Londres, n'a pas fourni moins de 632.000 repas l'hiver dernier aux écoliers. *The destitute children's dinners Society* dépense environ 7.500 francs par mois en repas aux enfants malheureux dans les quarante-quatre salles à manger qu'elle a ouvertes au milieu des quartiers les plus pauvres de Londres. Il faudrait citer aussi *The Children's free holiday home*, qui, en plus des déjeuners ou des dîners qu'elle fait servir aux enfants orphelins ou de parents nécessiteux pendant l'hiver, permet à bon nombre d'entre eux d'aller se fortifier au bord de la mer pendant quinze jours ou trois semaines, gratuitement. Bien d'autres œuvres seraient à nommer pour Londres seul, si une telle énumération n'était monotone.

Des sociétés similaires fonctionnent en Allemagne dans plusieurs villes à population ouvrière. La Société du *Frauen-Verein* (dames neutres) d'Elberfeld, par exemple, qui s'occupe de diverses branches d'assistance, réserve une part de ses fonds pour l'envoi d'une centaine d'enfants chaque année dans des établissements thermaux. Ceux qui ne peuvent jouir de cette faveur vont se promener aux environs de la ville sous la conduite d'institutrices payées par la Société.

Au pied des collines boisées qui entourent Elberfeld, et font à cette ville un cadre si pittoresque, s'étendent de vastes jardins tenus par des restaurateurs. On y boit du lait, on s'y repose à l'ombre. Les mères de famille de la bourgeoisie y passent l'après-midi à causer, lire ou travailler, tandis que leurs enfants s'ébattent sur les vertes pelouses, en attendant l'heure du goûter. C'est en ces lieux que sont conduits les enfants pauvres dont la Société des dames neutres n'a pu payer les frais de séjour dans une station thermale.

En la même ville une autre Société privée se charge de faire donner le *premier déjeuner* aux enfants malheureux, dès leur arrivée à l'école, principalement en hiver. Que d'enfants, hélas ! partent de chez eux sans avoir mangé, et conséquemment peu en état d'écouter les leçons du maître, tant leur estomac crie famine ! La charité est particulièrement digne d'encouragement lorsqu'elle se tourne vers ces pauvrets (1). Un écueil toutefois est à éviter. Il ne faut pas que cette assistance entraîne une humiliation pour celui qui la reçoit. Aussi prend-on soin à Elberfeld — et la précaution est méritoire — de laisser les autres écoliers dans l'ignorance de la mesure dont sont l'objet leurs camarades moins fortunés. Dans ce dessein la femme de l'instituteur est chargée de ce petit service. C'est dans sa chambre que sont pris les aliments.

Une des sociétés privées les plus importantes de Berlin, *Berliner Verein für haüsliche Gesundheitspflege*, dont la mission principale consiste à venir en aide aux pauvres gens qui ne sont pas soignés dans les hôpitaux, envoie les enfants en colonie à la campagne, aux bains de mer pendant un mois à l'époque des vacances.

2.000 enfants ont pu, grâce à cette Société, faire cette année une provision d'air des plus profitables à leur santé. On les pèse au moment de leur départ et lors de leur retour. Cette opération a permis de constater que ces enfants engraissent durant ce temps d'une façon assez sen-

1. Ces œuvres fonctionnent à peu près à la manière des cantines scolaires de Paris.

sible. Les constatations des médecins ont appris également que la croissance avait été, pour la même période, plus grande chez ces enfants que chez leurs condisciples restés à Berlin.

Les succès scolaires n'entrent point en compte pour la désignation des enfants. L'état de pauvreté et de santé, la conduite de l'élève sont les seuls éléments qui déterminent les choix.

Des promenades scolaires pendant les après-midi de vacances sont organisées dans la campagne berlinoise aux frais de la Société. Celle-ci est devenue propriétaire, grâce à la générosité de philanthropes, de très belles maisons de campagne à Kœsen et Colberg qui ont été appropriées pour les colonies scolaires. L'établissement de Colberg reçoit, chaque mois, de mai à fin septembre, une centaine d'enfants.

En Belgique, une place importante a été prise par les Sociétés ayant pour but de secourir l'Enfance. Les partis politiques n'ont pas oublié de faire vibrer cette corde sensible, et plus d'une société en servant la cause de l'enfance malheureuse espère recruter des adhérents pour le triomphe d'idées sans rapports directs avec la charité. C'est là un moyen de propagande qu'excuse seul l'aveu public. Quelques sociétés l'ont compris et l'une d'elles, les

Marçumvins, la plus solidement constituée qui soit à Bruxelles, le proclame sans réticence, en tête de ses statuts, qui disent :

Article premier. — L'Association a pour but d'aider à la propagation de l'enseignement laïque, dans son application la plus large.

Art. 3. — *L'Association intervient dans la politique active et militante*, chaque fois que le but visé par l'article premier est en cause.

Elle s'interdit toute intervention dans les luttes électorales entre candidats libéraux.

Et les statuts sont scrupuleusement observés, je vous le jure. Aux élections législatives de 1896, les membres du Comité, réunis avant le premier dimanche de l'élection, avaient résolu, pour accomplir leurs devoirs de bons libéraux, d'exercer une propagande en faveur des *candidats anti-cléricaux quels qu'ils fussent.*

Pour contribuer à ce résultat le Bureau de la Société fit appel à ses amis par voie d'affiches, adressa une circulaire pressante à ses membres, bref ne négligea aucun des moyens d'action qui pouvaient aider au succès des candidats progressistes et socialistes.

Pour oser intervenir aussi directement dans les luttes politiques, même couverte par ses statuts, il faut que la Société des *Marçumvins* se sente forte, puissante. Elle l'est, en effet. Le bilan des services qu'elle a déjà rendus en témoigne. Pour arriver à son but qui est, nous l'avons vu, la diffusion de l'enseignement laïque, quels sont ses moyens d'action ?

1° La création de bourses d'études à tous les degrés de l'enseignement, en faveur des jeunes gens pauvres des deux sexes ;

2° L'octroi de son patronage, par voie de subside ou autre, aux institutions ou œuvres qui répondent au but qu'elle poursuit ;

3° L'organisation de réunions publiques, de conférences, de fêtes, etc., données dans l'intérêt de l'œuvre ;

4° L'extension de colonies et d'excursions scolaires au moyen de la création de villas.

Ce programme, elle s'efforce de l'exécuter avec le budget annuel d'une quarantaine de mille francs qu'alimentent les cotisations de ses sept cents membres, et le produit des collectes et des dons.

En 1892, les *Marçunvins* firent construire une villa pour filles à Hastières, lieu de villégiature à huit kilomètres de Dinant. C'est en ce coin de campagne pittoresque et salubre d'où l'on a une très jolie vue sur la Meuse que les enfants protégés par cette société vont en colonie tous les ans quand viennent les mois d'été.

Les séjours à la villa sont de deux semaines. Ils ne sont pas tous gratuits. En principe, au contraire, la pension à la villa est payante. Le prix de la journée est de 2 francs pour les enfants envoyés isolément ou en excursions scolaires d'une durée de 1 à 10 jours ; de 1 fr. 50 par tête pour les colonies scolaires avec minimum de séjour de 10 jours.

En 1896, sur 5.584 journées de présence à la villa, l'Association avait accordé la gratuité pour 772, soit un peu plus du dixième.

Les *Marçumvins* qu'anime, et ils s'en vantent bien haut, la haine du parti clérical ne sont pas les seuls à adoucir, dans le même esprit, le sort des enfants pauvres des écoles communales. Des sociétés comme le Progrès, les Collecteurs, le Denier des jardins d'enfants, le Cercle des éclaireurs travaillent à leurs côtés. Le *Denier de l'Instruction* d'Ixelles distribue, en plus, des soupes aux enfants des écoles laïques de la commune. Un millier de soupes sont servies journellement. La Société envoie les enfants en colonie dans les Ardennes, à Champlon, province du Luxembourg (1). Quoique le séjour réglementaire n'y soit que de 15

1. La Société n'a pas de villa. Elle traite avec des aubergistes de la localité.

jours il exerce une très heureuse influence sur la santé des enfants. Leur figure pâle se colore au grand air et leur corps augmente de poids. Cette augmentation est, en moyenne, de 2 kilos 1/2 par élève.

Ce que font ces sociétés dans un but de propagande libérale d'autres sociétés l'essayent dans le sens opposé. Le *Dîner de la première communion* peut être rangé au nombre de ces dernières. A Bruxelles ce sont les conférences de Saint-Vincent-de-Paul, qui procurent à leurs protégés, sous le couvert de cette œuvre, deux repas, le jour de la première communion de leurs enfants. Le premier se fait dans la famille avec les provisions rapportées de la conférence, le second a lieu au *Cercle catholique*, le soir. Les communiants sont entourés de leurs parents. A la même table s'asseoient les membres de la conférence. Ces agapes chrétiennes ne se passent pas, on s'en doute, sans quelque sermon.

En d'autres villes de la Belgique, pareilles œuvres existent. A Hasselt l'*Œuvre de la première communion* n'a cependant point tout à fait ce caractère. Les éléments en sont recrutés dans la classe bourgeoise de la ville. La Société se défend de toute pensée propagandiste. Elle habille complètement, « depuis le cierge jusqu'à la cravate », tous les enfants indigents qui font leur première communion. Les dames organisatrices rêvent, paraît-il, pour compléter l'œuvre, « de remettre aux « parents de chaque enfant, en ce jour de fête, « de quoi faire un repas un peu meilleur que « d'habitude ».

Ce sont là d'excellentes pensées, assurément. Il n'en reste pas moins vrai que l'intention charitable est subordonnée en l'occurrence à l'acte religieux. A côté de ces sociétés qu'inspire un motif politique ou religieux vivent, agissent beaucoup d'œuvres neutres uniquement préoccupées du bien-être des jeunes enfants. Il n'est guère d'agglomération importante de la Belgique où plusieurs de ces sociétés ne rivalisent de zèle pour procurer à ces enfants qui manquent du nécessaire des vêtements, un peu de nourriture et de la villégiature au grand air.

A Bruxelles, la *Feuille d'Étain*, dont nous parlons dans une autre partie de cet ouvrage, dépense à elle seule 25.000 francs par an pour habiller des enfants et payer leurs frais d'entretien à la campagne en été.

Ces sociétés, remplissant une œuvre utile au profit le plus souvent des enfants des écoles communales, sont bien vues des municipalités qui les encouragent par des subventions et facilitent leur tâche. Des rapports s'établissent entre les membres de ces sociétés et les instituteurs ; ceux-ci deviennent en bien des cas des collaborateurs indispensables. Ce sont eux notamment qui préparent la liste des enfants chétifs et miséreux.

Généralement ces œuvres se complètent l'une l'autre. A Anvers, que nous prendrons pour exemple, l'œuvre des soupes scolaires fait distribuer à midi, aux enfants nécessiteux des écoles communales, une soupe avec de la viande ;

La *Bouchée de pain* leur donne du pain ;

Le *Grand air pour les petits* (fondé par des instituteurs, subsidié par la Ville et aidé par le bureau de Bienfaisance), leur assure le séjour à la campagne et aux bords de la mer, pour une période de 15 jours, 3 semaines, 1 mois ou plus longtemps, suivant les prescriptions des médecins.

CHAPITRE IV

PROTECTION DE L'ENFANCE

Compassion pour l'enfance malheureuse. — Nécessité d'appliquer ce sentiment à des œuvres pratiques et durables. — Sociétés protectrices des enfants martyrs en Belgique. — Crainte salutaire inspirée aux parents ou tuteurs brutaux. — M. Lejeune, ministre d'Etat : sa croisade en faveur de la protection de l'enfance. — Placement des enfants recueillis. — Méthode originale employée pour le redressement moral des enfants vicieux : hypnotisme et suggestion. — La guerre aux petits mendiants. — Laiterie maternelle de Bruxelles. — Ses projets d'avenir. — Son service actuel. — Les excès de zèle des protecteurs de l'enfance.

∴

On peut discuter, et l'on ne manque pas de le faire, le droit réel ou supposé des adultes pauvres à se faire secourir par la collectivité que représente l'Etat, la province ou la commune. Certaine école économique poussant la logique de la doctrine jusqu'à ses conséquences extrêmes conteste même le droit du gouvernement à se substituer aux familles pour élever leurs enfants, moralement, physiquement ou intellectuellement. Mais peu de gens, parmi ceux-là mêmes qui protestent contre la transformation de l'instruction primaire en service public ou qui s'insurgent à la pensée que la commune veuille élever sur le fonds commun, dans les pouponnières, dans les crèches, ou les écoles gardiennes, les enfants de la classe ouvrière, soutiendraient que la société ou que ses représentants doit se désintéresser du sort des enfants tombés aux mains de parents brutaux, vicieux ou criminels. Une mégère trouvera des accents indignés pour blâmer l'homme qui aura frappé un enfant ; les passants s'arrêteront, nombreux, devant un petit bonhomme qui racontera, en se lamentant, quelque abracadabrante histoire, et ils lui rempliront la poche de gros sous en guise de consolations. Qu'un instituteur irrité, énervé, donne une taloche à un gamin indiscipliné et l'on criera au *martyre*. L'enfant maltraité, ou vivant au milieu de parents indignes, a le don d'émouvoir particulièrement. On prend fait et cause, tout de suite, pour le premier marmot qui vous assourdit les oreilles de ses cris. En France, ce penchant à s'apitoyer sur cette catégorie d'enfants a toujours été très vif. Mais la manifestation de cette pitié manque de continuité. Nous sommes en cela, comme en beaucoup d'autres choses, les hommes du premier mouvement, du *feu de paille.* Nous prêcherons la croisade contre tous les bourreaux d'enfants au lendemain d'un fait divers de dramatique lecture, et notre beau zèle s'évanouira bientôt. Il en reste cependant toujours quelque chose, un peu d'agitation en faveur de l'enfance malheureuse, agitation qui finit ordinairement par la création d'une société.

Que d'encre a été répandue depuis le jour lointain où Jules Vallès, dans le *Réveil*, lança l'idée d'une *Société protectrice de l'Enfance* à créer sur le modèle de la Société protectrice des animaux ! Chez nos voisins de Belgique il existe de ces sociétés dans toutes les villes importantes. Elles sont calquées les unes sur les autres et, visiblement, la plupart d'entre elles se sont inspirées, lors de leur fondation, d'œuvres françaises, du *Sauvetage de l'Enfance*, principalement. Mais le titre de *Société protectrice de l'Enfance* a paru un peu froid aux Belges qui savent l'influence des mots sur les âmes sensibles; ils lui ont préféré celui de

Société protectrice des enfants-martyrs (1). Cela fait frissonner, arrache des larmes aux plus durs : frissons et larmes font à l'œuvre le cortège qui lui convient et s'échangent contre bonne monnaie à la caisse de la Société qui en a besoin pour atteindre son but.

1. Il y a cependant à Bruxelles une *Société protectrice de l'Enfance* portant ce titre. Son origine est assez ancienne ; elle a plus de trente ans d'existence. Dès 1867 elle fondait dans la capitale de la Belgique une crèche école-gardienne. L'objet de la Société défini par l'article premier des statuts est :

D'intervenir partout où son appui peut être nécessaire ou simplement utile à l'enfance ;

De protéger le premier âge et principalement les enfants des nécessiteux contre tous les dangers auxquels ils sont exposés : manque ou insuffisance d'alimentation, éducation mal dirigée, séjour dans des locaux insalubres, etc. ; en un mot d'aider au développement physique des enfants et de les préparer à la culture de leur intelligence.

La Société se propose d'atteindre ce but par tous les moyens dont elle pourra disposer, notamment :

En provoquant la fondation de crèches pouponnières, colonies maternelles et établissements analogues ;

En appelant l'attention de l'autorité et du public sur les divers dangers qui menacent les enfants ;

En provoquant la répression des abus ou des mauvais traitements dont ils sont victimes ;

En réclamant pour leur éducation physique et morale toutes les réformes utiles.

Ce que se proposent ces sociétés, le statut de celle de Bruxelles nous l'apprendra :

Art. 2. — La Société a pour but de protéger, par tous les moyens en son pouvoir, la personne morale et la personnne physique des enfants de toutes conditions et de tout âge, contre l'abandon, l'incurie, la misère, l'exploitation, les mauvais traitements, l'éducation pernicieuse ou criminelle, les exemples immoraux auxquels ils peuvent être exposés de la part de leurs parents ou des personnes chargées de leur garde, en un mot dans toutes les circonstances où ils ont besoin d'aide et de protection.

On conçoit que les moyens de réaliser un si vaste programme soient variés : comment donc opèrent ces sociétés ? S'agit-il d'enfants maltraités, brutalisés par ceux qui en ont la garde ? Un des commissaires de la Société va trouver au nom de celle-ci les bourreaux auxquels cette seule intervention donne peur bien souvent et leur font changer d'attitude. Continuent-ils leurs cruels agissements ? La Société adresse une plainte au procureur du Roi qui les fait appeler au parquet. La perspective de la prison a des effets salutaires. Rarement les coupables recommencent, car ils se sentent surveillés par les représentants de la Société protectrice. Quand il y a délit, exploitation de l'enfant, en le faisant mendier par exemple, la procédure est la même.

Pour les enfants moralement abandonnés, enfants excités au mal ou voués à la débauche par l'exemple des parents, la Société est, en partie, désarmée. La Belgique ne connaît pas la déchéance de la puissance paternelle. M. Lejeune, l'ancien ministre de la Justice, dont le nom est attaché en Belgique à toutes les œuvres de charité, a déposé il y a des années un projet de loi en ce sens qui n'est pas encore voté. En attendant qu'il le soit, les parents légitimement unis, vivant tous deux, peuvent à loisir corrompre leurs enfants, les livrer au vice.

Si les *Sociétés protectrices de l'Enfance* ne peuvent rien en faveur de ces enfants (sauf dans les cas signalés plus haut), il n'en est pas de même pour les enfants naturels ou les orphelins. L'enfant a-t-il un tuteur incapable ou indigne ? La Société protectrice en sollicite la destitution. Les juges de paix secondent alors avec beaucoup de bienveillance la Société en nommant un de ses administrateurs soit tuteur, soit subrogé-tuteur.

Dans beaucoup de cas, on le devine, la Société obtient des résultats immédiats, à l'amiable. Que deviennent les pupilles qu'elle recueille ? A Bruxelles, tout enfant recueilli est d'abord conduit à l'asile de la Société, rue des Comédiens, 25, dénommé asile Grimberghe, du nom du propriétaire de l'immeuble, qui en laisse la jouissance gratuite à la Société. L'enfant y est soumis à un examen médical. Son caractère, ses habitudes, ses penchants sont étudiés durant une quinzaine de jours. Après ce stage, l'enfant est confié, suivant l'âge et certaines circonstances, soit à une personne charitable qui le demande (une enquête est faite au préalable sur cette personne par la Société), soit à un patron qui le prend comme apprenti, logé, nourri. Le plus généralement, c'est chez un cultivateur que l'enfant est envoyé. Mais, dans tous les cas, l'enfant qui demeure sous l'autorité et la surveillance de la Société est empêché de revoir ses parents jugés indignes. Le lieu de pension de l'enfant est toujours caché soigneusement à ceux-ci. Pour justifier cette mesure qui peut, à première vue, paraître cruelle, les administrateurs des *Sociétés protectrices de l'Enfance* expliquent que le premier soin de ces parents, quand ils parviennent à découvrir la retraite de l'enfant qu'on leur a enlevé, est de l'inciter à désobéir à son nourricier, à se rebeller contre son autorité ou à fuir. Enfin, et surtout, les plus pervers et les plus nombreux, parmi ces parents, n'apparaissent qu'au jour où l'enfant arrive à l'âge de leur rendre service (1).

Ce sont là de plausibles raisons, il le faut reconnaître.

∴

Parmi les moyens de conversion employés par la Société bruxelloise de protection de l'Enfance, pour ramener au bien quelques-uns des enfants dont elle est la tutrice, il en est un qui paraîtra un peu étrange, quoique scientifique. C'est l'hypnotisme. Les médecins de la Société, convaincus de l'utilité de la suggestion appliquée spécialement au redressement moral des enfants vicieux, font usage de l'hypnotisme quand les méthodes générales ont échoué.

Défauts et perversion de caractère, penchant ou impulsion aux vices, mauvais instincts peuvent être toujours améliorés ou guéris, affirment ces médecins, par la suggestion, « procédé inoffensif d'orthopédie morale » (2). Le bulletin de la Société, à l'appui de ces affirma-

1. Rapport de la *Société protectrice des enfants-martyrs* de Bruxelles pour l'année 1896.

2. Rapport de la *Société protectrice des enfants-martyrs* de Bruxelles pour l'année 1894.

tions, cite le cas d'une enfant de dix ans, « menteuse, voleuse, entêtée et méchante », qui, hypnotisée et suggestionnée, est devenue, après une douzaine de séances, « une enfant douce, soumise, franche et respectueuse du bien d'autrui, faisant même la morale à ses compagnes de l'asile et leur montrant le bon exemple ».

D'autres enfants ont été guéris d'habitudes vicieuses, d'infirmités nocturnes. Si, réellement, la suggestion permet les résultats merveilleux qu'annoncent les médecins de la Société protectrice des enfants-martyrs de Bruxelles et, en particulier, M. le docteur Van Velsen, directeur de l'Institut hypnotique, quelles espérances ce mode artificiel de culture ne permet-il pas d'entretenir ?

∴

Les Sociétés belges de protection des enfants-martyrs ne fonctionnent pas uniquement par l'intermédiaire de leurs représentants réguliers, membres de leur bureau ou commissaires de quartiers ; tous les adhérents sont invités à marcher dans la même voie, et la Société leur en fournit la possibilité en les instruisant des lois et règlements concernant l'enfance et en les priant d'en assurer le respect en toute occasion. A son œuvre, la Société convie le public tout entier.

On a pu voir, sur les murs de Bruxelles et dans les principaux établissements publics, des affiches illustrées où elle recommandait au public « de ne plus rien acheter aux petits colporteurs, dans l'intérêt même de ceux-ci ».

Emus qu'on voulût empêcher de pauvres enfants de gagner leur vie ou de venir en aide à leurs parents en vendant des allumettes ou des *mannekenpis*, de braves gens se sont récriés. La Société protectrice, tenant bon, a répondu : « Nous avons fait une enquête sur la situation réelle de ces jeunes colporteurs. Le résultat en a été navrant. Ou ce sont de petits vagabonds abandonnés par leurs parents et vivant de rapines, ou ce sont des victimes de parents indignes qui les font travailler à leur place. Quiconque donne à ces enfants encourage le vagabondage ou favorise l'odieuse exploitation des parents ».

*
* *

Aux moyens divers qu'elle met en œuvre pour arriver à la réalisation de son programme, la *Société protectrice des enfants-martyrs* de Bruxelles, que nous prenons pour type afin de ne pas ressasser les observations, en a récemment ajouté un autre. Ce mode d'action nouveau constitue une innovation précieuse qu'il importe d'autant plus de mentionner ici qu'il a été préconisé, voilà assez longtemps déjà, au Conseil municipal de Paris, par M. Paul Strauss, aujourd'hui sénateur de la Seine : c'est la fourniture, dans les meilleures conditions possibles de bon marché et de qualité, du lait pour les besoins de la classe pauvre (1).

A cet effet, la Société protectrice des enfants-martyrs a installé à son siège social, rue des Comédiens, 25, à Bruxelles, où se trouvent déjà l'asile et la crèche (2), une *Laiterie ma-*

1. Le 7 décembre 1893, sur la demande de M. Paul Strauss, le Conseil municipal de Paris constituait une Commission d'étude de l'alimentation par le lait. Les travaux de cette Commission ont été consignés dans un rapport de M. Pierre Budin, accoucheur en chef de la Maternité, qui conclut à la distribution à prix réduit aux mères nécessiteuses de lait frais ou stérilisé et à la réduction des frais de transport du lait sur les voies ferrées.

2. Nous nous abstiendrons de parler de ces locaux. Prêtés obligeamment par un des meilleurs soutiens de l'institution, M. de Grimberghe, ils sont d'un entretien très coûteux et ne satisfont point aux besoins. Telle a été notre impression après les avoir visités. Il est des dons onéreux.

ternelle, destinée à distribuer du lait pur stérilisé gratis ou seulement à bon marché. Ce service fonctionne depuis très peu de temps.

La salle de stérilisation est précédée d'une chambre où sont nettoyés, mécaniquement, les biberons. Chaque bouteille-biberon reçoit 150 grammes de lait de ferme et 4 grammes de sucre. Elles sont fermées à l'émeri, puis plongées dans l'eau bouillante pendant trois quarts d'heure. La tétine étant sur la bouteille pendant cette opération se trouve également stérilisée. Ces flacons sont délivrés aux parents pauvres jugés dignes de cette faveur après enquête. Une surveillance est exercée à l'effet de savoir si ce sont bien les enfants qui consomment le lait. Le nombre des familles servies par la Laiterie maternelle est encore très restreint. Mais l'idée germe. Ce qu'une société privée a tenté dans un pays voisin, la Ville de Paris n'a-t-elle pas le devoir de l'expérimenter au plus tôt chez elle, comme le demande, en ses conclusions, le rapporteur de la Commission de l'alimentation par le lait ? La fourniture de lait sain, nourrissant, à bas prix, n'est-elle pas, des multiples moyens préconisés pour lutter contre la mortalité des enfants, celui dont les effets sont les plus certains ?

Faut-il dire que la sympathie du public ne

fait pas défaut aux sociétés qui ont assumé la tâche de protéger les enfants contre les mauvais traitements ou les honteux exemples? Des sociétés dont le nombre augmente d'année en année font des collectes fréquentes à leur profit. Des bienfaiteurs connus et inconnus envoient des dons de toute nature. Des propagandistes ardents vont porter la bonne parole aux quatre coins de la Belgique. M. Lejeune leur a donné l'exemple. C'est grâce à son dévouement infatigable à la cause de l'enfance que la Société mère de Bruxelles a vu naître sur différents points et grandir vite des sociétés sœurs qui l'ont vaillamment imitée.

Toute médaille a son revers. Les Sociétés protectrices des enfants-martyrs en Belgique (1) ont leurs mauvais côtés qu'il serait inutile de vouloir cacher. De même que dans la foule innombrable des membres de la Société protectrice des animaux on rencontre des gens animés d'un zèle excessif et parfois ridicule, de même les adhérents des Sociétés protectrices d'enfants-martyrs sont trop enclins à voir partout des petites victimes. Il leur faut des « enfants martyrs », n'en fût-il plus au monde, et

1. Il n'existe point, à notre connaissance, d'œuvres identiques dans les pays du Nord où nous nous sommes rendu.

pour en découvrir ils poussent leurs investigations au delà des limites permises. Tranchons le mot : ils se mêlent souvent de ce qui ne les regarde pas. Mais ce reproche, sont-ils seuls à le mériter ?

∴

Le placement à la campagne chez des nourriciers, ou l'adoption par des personnes charitables, tel est le sort qui échoit à l'enfant moralement abandonné en Belgique.

Aux Pays-Bas, des établissements se vouent à l'éducation de ces enfants. Ils sont fondés et administrés par des sociétés particulières.

Les principales institutions sont :

Nederlandsch Meltray, à Ryssell près de Zulphen, pour les *garçons*. Ils y sont admis à partir de 10 ans. Une éducation morale et religieuse (protestante) leur est donnée, et ils apprennent un métier ;

Wazenhargen, même esprit que le précédent.

Les établissements fondés à Zetten en Gueldre, par le pasteur protestant Heldring, pour les *filles* en danger moral.

Dans les grandes villes on trouve des maisons de secours pour les enfants moralement abandonnés. Il y en a, par exemple, deux à La Haye, pour les garçons et les jeunes filles protestants, et une troisième pour les catholiques.

La pension dans ces institutions n'est point gratuite, il s'en faut.

∴

En Allemagne, à côté de l'éducation obligatoire, donnée par l'Etat dans les maisons de correction, à des enfants ayant déjà subi des condamnations ou moralement abandonnés, la charité privée s'occupe principalement des enfants dont la moralité est en danger. Rien qu'à Hambourg il existe cinq fondations dans ce but : 1° *Das Rauhe Haus* (Education d'enfants destinés à devenir artisans) ; 2° *Fondation Emilia*, propriété de la communauté charitable d'Auscharhöhe, pour l'éducation des filles confirmées, moralement abandonnées ; 3° *Fondation Saint-Nicolas*, des établissements d'Alsterdorf.

CHAPITRE V

ORPHELINATS

L'internat. — Le placement chez des particuliers. — Système mixte. — Les orphelines vouées à la domesticité. — L'enseignement professionnel pour les garçons. — *The National refuges*, en Angleterre. — L'apprentissage en ville. — Le placement à la campagne discrédité. — Quelques types d'orphelinats : *Almänna Barnhuset*, à Stockholm; *Seliefhaan Hovius Stickling*, à La Haye; Institut *Auerbach* de Berlin. — Recouvrement des dépenses d'entretien de l'orphelin sur son salaire. — Les patronages.

∴

Quoique, en principe, la charge de recueillir les orphelins paraisse acceptée par les villes sur le territoire desquelles ils se trouvent, la charité privée n'a pas cessé d'en supporter une lourde part. Aussi rencontre-t-on dans tous les pays une quantité d'institutions privées supérieures en nombre aux établissements ayant le même but et fonctionnant sous le contrôle officiel. Les œuvres privées fondées et dirigées par les Eglises tiennent la place la plus importante, numériquement parlant. Qu'une pensée évangélique ait présidé à leur naissance ou que le souci du devoir social soit la cause de leur création, ces institutions se ressemblent quant au mode d'éducation des filles. On les élève dans l'établissement. Une différence ne se fait remarquer que pour les garçons qui, tantôt grandissent à l'orphelinat — comme c'est le cas dans beaucoup d'institutions religieuses — et tantôt apprennent un métier au dehors, dans la ville même ou dans les environs. Ceci est la règle. L'internement pour les garçons est l'exception.

∴

Quelques établissements sont mixtes. Ils réunissent garçons et filles.

Même dans les établissements payants — et presque tous le sont plus ou moins — les orphelins de père et de mère ont le pas, pour l'admission, sur les enfants privés de l'un ou de l'autre de leurs parents. Mais les orphelins de père sont considérés comme plus intéressants que ceux dont la mère seule a disparu, et les demandes d'admission sont classées ordinairement selon cet ordre.

Il y a des établissements qui n'acceptent que les enfants n'ayant plus ni père ni mère. C'est notamment la règle en Hollande.

Les orphelinats étant en majorité religieux, il n'y a pas lieu de s'étonner si, en général, la confession des parents est l'élément principal d'appréciation pour l'admission des expectants.

La Suède, la Norvège et la Hollande n'ont pas d'orphelinats communaux ou d'Etat. La charité a comblé la lacune, dans la mesure où elle l'a pu. Rarement, en Suède, on interne les enfants dans les orphelinats. On préfère les placer en pension chez des particuliers.

A Christiania, il y a trois ou quatre orphelinats tant protestants que catholiques. La mission catholique entretient l'*Institut Saint-Joseph*, où les orphelins de parents catholiques sont instruits dans la religion de ceux-ci. Cet asile élève les enfants jusqu'à 14 ans.

L'instruction professionnelle est limitée, pour les filles, aux choses du ménage, pour les garçons aux travaux de bureau, copies, comptabilité. On place ceux-ci dans les administrations, postes et télégraphes, chemins de fer; celles-là dans des familles bourgeoises, en qualité de servantes, bien que le caractère de la jeune fille norvégienne, très indépendant, s'accommode mal de ce mode de placement. Ces orphelines, du reste, ne se maintiennent pas longtemps en place. Elles préfèrent prendre sans retard un mari que de rester en service.

La charité privée se montre plus empressée, en tous lieux, à se charger de l'éducation des filles orphelines que de celle des garçons.

A Christiania, une seule œuvre, *Bœrnehjemmene Alfredheim*, dispose de trois maisons où les filles pauvres, de l'âge de 4 ans à celui de 10 ans, sont admises et gardées jusqu'à l'époque de la confirmation qui est habituellement 15 ans.

Outre cette institution, deux autres asiles ont été fondés pour donner aux orphelines pauvres une éducation chrétienne et *en faire, dans la suite, de bonnes servantes*.

« Faire de bonnes servantes » des fillettes qui leur sont confiées, les établissements d'assistance privée ou publique des pays du Nord et de l'Est de l'Europe n'ont pas d'autre idéal.

Que ce soit en Belgique, en Hollande, en Suède, en Allemagne, en Angleterre, l'avenir des filles que la mort a prématurément privées de leurs parents est le même ; il se résume d'un mot : *domesticité*.

Confessons qu'elles sont très bien préparées

à cet état. — Quand elles sortent de l'orphelinat elles connaissent des soins du ménage tout ce qu'on en peut apprendre dans les meilleures maisons après un long service. Ce sont elles, en effet, qui, à Anvers comme à La Haye, à Berlin comme à Christiania, font le « ménage » de l'établissement. Nettoyage, blanchissage, cuisine, rien n'est fait que par elles dans certains orphelinats, tel celui de l'*Eglise Réformée* de La Haye et surtout l'asile de Brixton (1), qui ont réalisé de cette façon une économie appréciable sur les frais de personnel (2).

Un apprentissage aussi complet forme excellemment des domestiques. On est à peu près sûr, en prenant une pensionnaire de l'un de ces établissements, d'avoir un sujet obéissant, dur au travail, en ayant l'habitude. Aussi les demandes des patrons affluent-elles.

Le nombre en dépasse celui des jeunes filles qui, chaque année, quittent l'orphelinat.

Peu d'institutions ont compris qu'il y avait mieux à faire que de dresser les orphelines à bien servir à table ou à balayer les apparte-

1. A l'orphelinat de Brixton *il n'y a pas de domestique*, tout le travail de la maison est fait par les enfants. *Aucun fonctionnaire n'est rétribué.*

2. Le personnel de service prévu pour 400 orphelins comprend, *en tout*, 15 employés.

ments. A l'Institut *Auerbach* (1), à Berlin, on dirige les jeunes filles vers le commerce. On leur cherche des emplois de vendeuse ou de teneuse de livres... Point de métiers manuels, proprement dits.

Ce sont là des mesures isolées, timidement prises. Nous n'avons rencontré à vrai dire, au cours de notre voyage, qu'un établissement privé traitant sur un pied d'égalité, au point de vue de l'enseignement professionnel, ses pensionnaires des deux sexes : c'est l'orphelinat des francs-maçons, à La Haye, qui date, croyons-nous, de 1888. La maison abrite 30 orphelins; les garçons fréquentent les éco-

1. *Auerbach'sche Waisen Erziehungs Anstalten*, Institut pour les orphelins, fondé il y a 65 ans, a été récemment reconstruit. C'est un bel établissement recevant gratuitement, suivant les volontés du fondateur, des orphelins de père ou de mère israélites, à partir de 6 ans jusqu'à 17 ans. Une des conditions d'admission est la santé de l'enfant et le passé physiologique de ses ascendants. Si le postulant est atteint d'une maladie dont ses parents ont souffert, s'il porte une tare physiologique héréditaire, on ne l'accepte pas. Les enfants de l'orphelinat Auerbach suivent les cours des écoles de la ville. S'ils ont les aptitudes voulues, ils continuent leurs études. S'il n'ont pas de dispositions bien prononcées pour l'étude, ils font l'apprentissage d'un métier.

les d'arts et métiers, le Conservatoire de musique ou apprennent un métier, ce qui est plus rare; les filles entrent dans le commerce, comme teneuses de livres, ou demoiselles de magasin, ou dans l'enseignement. Mais l'institution, hâtons-nous de le dire, ne s'adresse point à des enfants de la classe ouvrière. La franc-maçonnerie, en Hollande, est, sinon puissante, du moins riche. Les membres se recrutent dans la bourgeoisie. Les enfants de l'orphelinat maçonnique sont donc des fils ou des filles de bourgeois. Ceci explique la nature des carrières qu'on leur fait embrasser (1).

1. L'orphelinat maçonnique de La Haye pourrait être cité en modèle s'il ne répondait à des besoins spéciaux qui ne sont pas ceux de la généralité des orphelinats Confortablement installé dans un immeuble qui est la propriété de l'Ordre, il contient 30 lits. Les enfants y sont admis à partir, quelquefois au-dessous, de 8 ans, s'ils sont fils de francs-maçons des Pays-Bas ou des colonies néerlandaises. Le principe de la maison est la vie de famille. Le directeur et sa femme prennent leurs repas avec les enfants, vivent constamment au milieu d'eux. Garçons et filles sont dans des dortoirs séparés. Les uns et les autres sont inscrits aux écoles de la ville. Les enfants suivent les leçons de l'église qu'indique le parent survivant. Chaque enfant revient à 400 florins par an.

L'internement, ou mieux l'éducation au siège de l'établissement, est le plus ancien système adopté pour les orphelins. Conservé dans plusieurs États pour les garçons, il l'est encore partout pour les filles. A l' « élevage » entre quatre murs, qu'on explique par la nécessité pour les filles, d'une surveillance étroite, on paraît de plus en plus préférer dans les divers États, au moins pour les garçons, l'éducation, au dehors, la famille artificielle, le placement chez des particuliers, soit dans l'agglomération urbaine, soit à la campagne. Mais les formes de ce placement sont extrêmement variables. Nous essayerons de les esquisser en quelques traits.

On peut ramener à deux systèmes les cas d'éducation des orphelins : éducation dans un établissement fermé, ou placement chez des particuliers.

Le premier de ces systèmes, nous l'avons vu précédemment, ne cesse pas d'être pratiqué pour les filles. Il en est autrement en ce qui concerne les garçons. On le trouve cependant encore assez répandu, mais avec des variantes, tant pour le mode d'instruction que pour celui de l'apprentissage.

Il serait malaisé de préciser le système en

honneur plus particulièrement en tel ou tel pays. La vérité est qu'on les voit appliqués dans le même pays et, en quelque sorte, co-fonctionner dans une même ville.

Ou les orphelins sont instruits dans la maison, comme cela se produit pour les orphelinats protestants hollandais, wallons et catholiques de La Haye, pour l'institut Saint-Joseph à Christiania, ou bien ils sont inscrits aux cours des écoles de la ville (privées) ou publiques (orphelinats luthériens et catholiques à La Haye (1), orphelinat juif Auerbach à Berlin).

∴

L'école professionnelle, c'est-à-dire l'apprentissage dans l'asile même, fort en honneur dans les orphelinats religieux français et belges, est aussi très goûtée en Angleterre, où cette éducation des orphelins par les sociétés privées est poussée très loin.

La Société: *The national refuges for homeless and Destitute children* (refuges nationaux pour les enfants sans domicile et dans

1. Lors de notre passage en Hollande (Juillet-Août 1897) on construisait dans un terrain contigu à l'orphelinat catholique deux écoles spéciales pour les garçons et les filles.

la misère), de Londres, peut, dans cet ordre d'idées, être citée comme modèle. Fondée en 1843 elle a sa maison mère à Londres, *Shaftesbury Avenue, 164*. C'est là que sont reçues les familles, examinées les demandes et que se réunissent les membres du Conseil d'administration de la société pour délibérer. C'est là aussi que certains enfants, au retour de la campagne, entre autres les apprentis cordonniers et tailleurs, complètent leur instruction professionnelle sans que jamais leur séjour en la maison mère dépasse deux ans. L'atelier des tailleurs et celui des cordonniers, installés à cet effet à *Shaftesbury Avenue*, fournissent des vêtements et des chaussures à l'école des marins et à quelques autres établissements de la société, notamment aux asiles de folles. Les établissements de garçons hors Londres doivent, autant que possible, se suffire à eux-mêmes pour la confection des objets d'habillement et pour les travaux intérieurs d'entretien. Les ateliers de la maison-mère fabriquent en outre pour les particuliers.

∴

La Société ne recueille que les enfants ayant de 10 à 15 ans, orphelins de père ou de mère protestants. Elle les dirige aussitôt sur l'un des

8 établissements qu'elle possède : pour les garçons, à Turckenham, Bisley, Shaftesbury ; pour les filles, à Sudbury et Ealing.

A Bisley, à 25 milles de Londres, est une ferme école. Les enfants qui en sortent connaissent fort bien la culture de la terre. On leur conseille le plus souvent d'émigrer au Canada.

La Société leur cherche là-bas une situation.

Pour ceux que la mer attire — et ils sont nombreux, on le pense bien, dans la grande île — la Société a deux bateaux-écoles mouillés dans la Basse-Tamise. Ils y font l'apprentissage du métier de marin et, l'âge venu, s'engagent ordinairement au service de l'Etat (1).

Dans ses asiles, la Société fait enseigner aux garçons le métier de tailleur, de cordonnier ou de charpentier.

Les filles apprennent, là comme partout ailleurs, le service domestique.

Jusqu'au moment où ils sont en état de pourvoir réellement à leur subsistance, les garçons orphelins de père et de mère peuvent compter

1. *The national refuges* ont une publication périodique illustrée : *Our loc book*, au moyen de laquelle ils tiennent le public et les bienfaiteurs de l'Œuvre au courant de ses progrès et des travaux des pupilles dans les différents établissements où ils sont placés.

sur l'aide de la Société. Elle s'occupe de les placer. Elle fait mieux : elle leur donne un logement pendant la première période qui suit la sortie d'apprentissage, dans une propriété lui appartenant, jusqu'au jour où ils peuvent sortir d'embarras par leur seul travail.

The national refuges entretiennent en moyenne 200 filles et 600 garçons par année.

Le nombre est infini en Angleterre des Sociétés organisées pour élever les enfants abandonnés ou orphelins, suivant des voies parallèles à celle de la Société des Refuges nationaux.

On peut citer :

Church of England incorporated Society for providing homes for waifs and Strays.

Les enfants sont élevés dans un établissement de cette société ou placés au dehors. La Société, depuis sa fondation, a logé 1502 enfants, dont 611 garçons et 891 filles. Les enfants qu'elle ne peut garder, elle les place en province chez des membres de l'Eglise d'Angleterre. Si l'on tient compte des sujets au placement desquels elle a pourvu de différentes autres manières, on atteint le total de 5201 enfants.

Field Lane Refuge. Trois cents enfants sans asile sont constamment entretenus au refuge de la Société.

A Swanley est ouvert un asile pour les orphelins de père et dont les mères ont besoin de gagner leur vie en ville. Mais c'est un établissement payant : chaque gamin coûte 21 livres.

The Children's home and orphanage est un asile pour les enfants malheureux et les orphelins. Ils y sont admis quels que soien leur sexe et leur religion. En temps ordinaire 950 enfants y sont hospitalisés.

A l'orphelinat de *Brixton*, 300 filles sont logées, nourries, entretenues sans aucune rétribution. L'admission est prononcée sans sollicitation ni vote.

Infant Orphan Asylum, à Wanstead, est pour les tout petits enfants orphelins depuis la naissance jusqu'à 3 ans.

The Orphan Working School élève gratuitement 500 enfants, pour lesquels elle a deux écoles industrielles et une maison de convalescence au bord de la mer.

Il y a des orphelinats, en petit nombre, qui n'acceptent les orphelins que lorsqu'ils sont déjà un peu grands. A l'orphelinat Gordon, par exemple, on ne les prend qu'à treize ans.

Nous pourrions allonger cette liste s'il entrait dans nos intentions de produire ici une statistique d'établissements charitables pour les orphelins. Tel n'étant pas notre but, nous nous contenterons, avant de terminer cet exposé de la question des orphelins en Angleterre, de noter l'appoint qu'apportent en cette matière les corporations de métiers. La plupart d'entre elles assurent dans des établissements très bien tenus le sort des enfants de leurs membres décédés. Et si les cabaretiers ont, à Londres, un orphelinat, les policemen possèdent aussi le leur...

∴

Apprentissage en ville.

L'apprentissage direct par un patron leur offre-t-il des garanties meilleures ? est-il plus pratique ? Il est, en tout cas, fort répandu.

Dans un petit nombre de villes les orphelins sont confiés à un patron de la ville qui les loge, les nourrit. Mais, généralement, ils rentrent pour coucher à l'orphelinat.

On leur laisse, dans certains pays, une liberté relativement grande.

Ceux de l'établissement de l'Eglise réformée de La Haye, de l'Orphelinat communal d'Anvers se rendent seuls à l'atelier, sans qu'il y ait sujet de plainte à ce chef. Nul abus de cette liberté. Ils ne s'attardent point à muser ni au départ ni au retour et n'oublient point le chemin de l'Orphelinat pour d'autres. Les pupilles de ces institutions attestent, par la franchise de leur physionomie, l'effet salutaire de ce régime. Ils n'ont pas la mine des enfants internés, pour qui le monde est borné par les murs de l'Orphelinat, et qui, à leur sortie de l'établissement, seront perdus au milieu de ce monde dont on les a éloignés pendant leur jeunesse. Le système de l'apprentissage au dehors, du demi-internat, a l'avantage d'initier lentement l'orphelin aux difficultés de la vie, au lieu de le jeter brusquement en pleine mêlée sociale, sans préparation.

∴

Plus prudents ou moins confiants sont les directeurs des Orphelinats catholiques en Hollande.

Ils prennent soin de faire accompagner les enfants en ville, chez les patrons d'apprentissage, par un surveillant (1).

1. Les enfants de ces orphelinats ne sortent jamais seuls. Lorsqu'ils ont un congé, une personne de leur famille doit les venir chercher et les reconduire à l'insti-

Mais chez ceux-ci — à un degré moindre cependant — comme chez ceux-là, le sentiment de la liberté et de la responsabilité a déjà marqué son empreinte sur les visages.

∴

Le placement chez des artisans ou des paysans *à la campagne*, tant prôné, est, depuis quelques années, l'objet de critiques dont la répétition indique une défaveur grandissante. La tendance d'une grosse partie, sinon de la majorité des nourriciers, à considérer l'orphelin comme un produit d'un rendement particulier, qui doit rapporter le plus possible pour un minimum de frais, la difficulté de surveiller ces placements — régulièrement sans de lourdes, d'énormes dépenses de personnel — sont les deux causes principales de la défaveur qui s'attache à ce système. A ces causes il en faut joindre une troisième, fruit d'observations multiples. La plupart des enfants recueillis par la charité sont nés dans les villes : il leur en faut l'atmosphère pour vivre. Les acclimater aux champs est une tâche qu'on commence à reconnaître impossible. On

tution. Les pensionnaires de l'orphelinat de l'Eglise réformée de La Haye sont, au contraire, autorisés à se promener seuls, à partir d'un certain âge.

revient toujours à ses premières amours, dit la chanson. L'enfant des villes en aime les pavés, les ruelles. La campagne ne lui rappelle aucun souvenir : c'est peine perdue que vouloir lui en imposer l'amour. On l'a compris. Et voilà pourquoi, en maintes contrées, on a renoncé à l'espoir de trouver, parmi les orphelins élevés aux frais des communes ou des sociétés privées d'assistance, les travailleurs qui manquent, dit-on, à l'agriculture.

Hollande.

Renseignements généraux. — En Hollande on compte par centaines les établissements hospitaliers destinés aux orphelins et aux vieillards, soit qu'on les soigne ensemble ou séparément.

On exige des enfants orphelins qu'ils soient issus d'une famille dont le chef était membre de l'Eglise dirigeant l'orphelinat.

L'administration des orphelinats est confiée à la diaconie, qui s'occupe aussi des pauvres soignés à domicile, ou à une commission spéciale.

Dans les hospices protestants, les employés sont des laïcs nommés par le Comité-directeur.

Les membres de ce comité sont appelés « régents » (*regenter*).

Les soins sont donnés dans les institutions catholiques par un personnel religieux.

Les frais d'entretien montent à 150, 200 et parfois 300 florins *par an*, et par enfant. Mais des réductions, voire l'exonération complète de ces dépenses, sont accordées quand la situation des orphelins est jugée digne d'intérêt par la diaconie.

On n'accepte pas les enfants avant 4 ou 5 ans.

Leurs études primaires terminées, les garçons sont mis en apprentissage chez des patrons.

Les jeunes filles restent à l'Asile et s'y adonnent aux fonctions de ménagère, à la couture, etc.

Les orphelins quittent l'établissement entre 18 et 20 ans, suivant les circonstances.

Dans presque toutes les villes, et même dans les villages d'une certaine importance, l'Eglise réformée des Pays-Bas a établi par ses organes, les *diaconies*, des orphelinats pour filles et garçons. On les trouve à Brielle, Delft, Gorinchen, La Haye, Scheveningue, Leiden, Maassluis, Rotterdam, etc.

En outre, quelques orphelinats protestants

dépendent de l'Eglise luthérienne, comme, par exemple, à La Haye et à Rotterdam.

Des orphelinats catholiques dirigés par les autorités paroissiales sont à Brielle, Delft, Gorinchen, Leiden, La Haye et Rotterdam.

Une partie de ces établissements reçoit des enfants pauvres dont la pension est payée par les autorités communales.

En plus de ces orphelinats il y a, rien que dans la Hollande méridionale, province très peuplée du royaume, une trentaine d'établissements abritant, sous le même toit, vieillards et enfants.

*
* *

L'orphelinat catholique romain de La Haye, *Seliefhaan Hovuis Stickling*, près de Loosduinen, est un établissement de bel aspect, construit il y a une quinzaine d'années par don d'un particulier (1). Il appartient à une société privée. Une impression de riche aisance s'en dégage ; les couloirs, les escaliers sont garnis de tapis moelleux. Les parquets cirés miroitent. Mais à côté de ce luxe, excessif pour un établissement abritant de malheureux en-

1. La population moyenne y est de 115 jeunes filles et 200 garçons.

fants, destinés à ne connaître que les tristes côtés de l'existence, on constate des défauts regrettables d'installation : les locaux du rez-de-chaussée, où sont occupées les fillettes de plus de 7 ans, sont trop bas de plafond, et le voisinage de la buanderie se fait fortement sentir. Des dortoirs d'enfants sous les combles, où se croisent des charpentes de bois traversées de canalisations de gaz, présentent un danger permanent d'incendie.

La bonne organisation des secours contre le feu (1) n'excuse pas cette imprudence.

Garçons et filles restent ensemble jusqu'à sept ans, sauf la nuit, où ils sont en dortoirs séparés, et à l'heure des repas.

La rétribution annuelle est de 90 florins ; elle est réduite pour les enfants dont les parents survivants sont très pauvres.

A l'extrémité de chaque dortoir couche une surveillante, dans une chambre qui n'est fermée que par deux rideaux. On retrouve cette disposition dans plusieurs villes.

Les fillettes apprennent la couture dans une salle spécialement réservée à cet usage.

1. A chaque étage, la tuyauterie est montée sur les robinets d'eau. Il suffit de tourner ceux-ci pour combattre, à la première alerte, un commencement d'incendie.

Un médecin vient tous les jours à l'orphelinat.

∴

L'orphelinat de l'Eglise réformée, à La Haye, est non moins digne d'attirer et de retenir l'attention que celui de la Société catholique. Moins « cossu », plus simple, il répond assurément mieux à l'idéal qu'on se fait d'un établissement de cette nature. La bonne humeur, la gaîté se reflètent sur les visages des enfants, quoi qu'ils fassent. Les jeunes filles chantent à pleine voix tout en se livrant aux plus vulgaires travaux d'entretien de la maison. Les jeunes gens ont le regard franc, assuré.

Le régime de liberté relative dans lequel ils vivent a produit ses fruits. Ce ne sont plus ces orphelins au regard fuyant, marchant tristement, qu'on rencontre en d'autres villes et qu'on croirait ployant sous le malheur. Il n'est pas jusqu'à leur costume sombre qui ne contribue à cette impression de tristesse.

Il en va tout différemment pour les pupilles de l'orphelinat de l'Église réformée de La Haye. Leurs vêtements, sans être d'une élégance raffinée, sont coquets, agréables à l'œil.

Les règles de l'hygiène sont observées scrupuleusement. Une salle de bains, contenant 14 cabines bien agencées, permet de donner aux enfants les soins de propreté désirables.

Après avoir assisté au service divin, les enfants ont, le dimanche, la permission de sortir avec un membre de leur famille ou seuls, suivant leur âge.

Ils rentrent entre 8 et 9 heures le soir.

Les dortoirs aérés sont de 30 à 40 lits, suffisamment espacés.

Suède.

Le plus bel orphelinat de Stockholm (1), *Almanna Barnhuset* (maison d'enfants), avait été projeté au XVIIe siècle par Gustave-Adolphe. Il a été fondé par la reine Christine.

Le Conseil d'administration est nommé par le gouvernement. Les orphelins y sont reçus depuis leur naissance jusqu'à 6 ans, à charge de versement par l'un de leurs parents survivants ou par un bienfaiteur d'une somme de 400 francs (2). Encore exige-t-on de ces parents qu'ils soient pauvres ou chargés de famille.

1. L'orphelinat des francs-maçons est, après *Almanna Barnhuset*, le mieux organisé. Le séjour y est gratuit. La richesse de cet orphelinat s'explique par ce fait que les principaux personnages de la Cour, le roi de Suède en tête, sont des francs-maçons militants, occupant dans l'ordre des grades élevés.

2. La couronne vaut 1 fr. 40 de notre monnaie.

Les parents n'ayant aucunes ressources s'adressent à l'Assistance publique qui, en vertu d'un contrat spécial, peut placer ces enfants dans l'établissement contre une allocation de 250 couronnes.

Les filles-mères ou les veuves ont la faculté de séjourner avec leur enfant pendant 8 mois, condition de travailler à l'entretien de l'établissement ou de servir de nourrice sèche.

Les nourrices sont engagées à raison de 2 pour 3 enfants.

L'établissement, remarquable de tous points, comprend 4 divisions :

1° Pavillon des enfants en bas-âge (de la naissance jusqu'à 5 ou 6 mois). Chaque chambre renferme 8 lits de nourrices et 10 d'enfants. Au pied du lit, une armoire en pitchpin pour le linge de la nourrice et des enfants. La propreté règne partout, l'aération est parfaite.

Deux fois par jour, et plus souvent encore en cas de maladie, les médecins visitent les enfants.

Plusieurs chambres d'isolement sont réservées aux malades.

Il y a dans cette division, en temps normal, 170 enfants et 120 nourrices.

La 2e *division* est formée d'un hôpital d'enfants, pavillon assez distant des autres, où l'on traite régulièrement une trentaine d'enfants, gratuitement.

Les chambres y sont de 4 à 8 lits.

3e Division. — Enfants de 1 à 6 ans, et de 6 ans à 14 ans, malades ou sans placement pour une cause quelconque, maladie ou décès du nourricier, refus de celui-ci de continuer à garder l'orphelin, etc. Dans l'attente d'un nouveau placement, ces enfants sont logés temporairement à l'orphelinat, dans un vaste pavillon aux jolis dortoirs. Une classe et un atelier de travail manuel occupent une partie de ce pavillon.

Un pavillon pour les contagieux (diphtériques, etc.) est au fond de l'établissement, dans le jardin. C'est la *4e division*. Le personnel qui y est attaché vit séparé du reste des habitants de l'orphelinat. Il ne doit avoir aucunes relations avec le personnel des autres pavillons.

Les enfants sont nourris au lait bouilli non stérilisé.

Deux médecins sont à poste fixe, dans la maison.

Actuellement *Almanna Barnhuset* a 3.500 enfants placés à la campagne. Tous le sont chez des nourriciers luthériens qui les instruisent dans la religion d'Etat qui est la leur.

En réalité, cet établissement n'est qu'un *asile*

dépositaire. Les enfants n'y sont gardés que très peu de temps. L'allocation aux nourriciers est, annuellement, de 100 couronnes. Elle diminue au fur et à mesure que l'enfant grandit, et peut descendre à 40 couronnes vers 10 ans (1).

Allemagne.

A Berlin on doit à l'initiative privée quelques intéressantes fondations. Nous mentionnerons le pensionnat pour enfants de bourgeois pauvres dû à une libéralité d'un million d'un israélite, M. Rodolphe Mosse. L'œuvre est destinée aux enfants des familles bourgeoises qui sont privées de leur chef ou qui ont subi des revers de fortune.

Mossesches Erziehungs-Haus, c'est le nom de l'établissement, reçoit 100 enfants de bonne éducation, 50 israélites, 50 chrétiens, de l'âge de 6 à 16 ans. On donne l'instruction aux jeunes enfants dans la maison, aux plus âgés dans les gymnases de la ville, aux frais de l'établissement.

1. L'enfant quitte la maison pour le placement avec un trousseau complet. Ce trousseau est renouvelé tous les 6 ans. Le clergé est chargé de s'assurer que les enfants suivent régulièrement l'école. Des inspecteurs de l'Institution font d'ailleurs, dans les régions de placement, de fréquentes tournées. Les enfants sont affranchis de la tutelle de l'orphelinat à la confirmation (14 ans).

∴

Il existe à Berlin une œuvre semblable, *Reichenheimsches Maldchenheim*, fondée il y a 25 ans. Aucun esprit confessionnel ne la guide. Elle est présidée par le bourgmestre.

On n'y accueille que les filles de 14 à 15 ans, orphelines de père ayant appartenu à la bourgeoisie berlinoise.

Ces jeunes filles n'apprennent point de métier. Elles restent dans l'établissement tout le temps nécessaire à parfaire leur éducation, de façon à être en mesure de gagner leur vie en toute indépendance par l'exercice d'une profession libérale.

∴

La fréquentation des cours d'adultes pour les enfants qui ont quitté les bancs de l'école du jour est obligatoire dans beaucoup d'orphelinats communaux. La question ne paraît pas préoccuper les directeurs des orphelinats privés. A l'orphelinat de l'Eglise réformée de La Haye cette instruction complémentaire est donnée le soir dans les écoles de la ville.

∴

Elever des enfants depuis la naissance jusqu'à l'âge de leur majorité occasionne des dépenses considérables aux sociétés privées. Aussi cherche-t-on à ramener ces dépenses au minimum. Dans beaucoup d'orphelinats religieux on pense qu'il n'y a pas de plus sûr moyen d'arriver à ce résultat que de faire participer les orphelins aux frais de leur entretien quand ils sont parvenus en âge de faire un travail productif. L'administration de l'orphelinat se récupère de la sorte, sinon totalement, du moins partiellement, des sommes déboursées.

A La Haye, à l'orphelinat de l'Eglise réformée, les garçons travaillant chez des patrons doivent donner une partie de leur gain. Cette contribution ne dépasse pas 2 florins par semaine.

De la somme restant, les 2/3 sont versés à la Caisse d'épargne au nom de l'orphelin, l'autre tiers lui est laissé comme monnaie de poche.

Les enfants paient de leurs deniers les outils dont ils se servent.

Outre l'habitude de l'épargne qu'ils contractent de bonne heure, les enfants doivent à cette mesure de posséder, à leur sortie de l'orphelinat, une *masse* variant de 200 à 250 florins, qui leur est fort utile à leurs débuts dans la vie active.

Patronages.

Plus qu'un autre, l'enfant orphelin qui a grandi dans un établissement de l'assistance publique ou privée a besoin d'être guidé dans la vie. Il est sans relation, sans amis, partant sans appui. Où pourrait-il trouver de meilleurs, de plus sûrs conseillers que chez ceux qui l'élevèrent? Aussi les directeurs d'orphelinats considèrent-ils comme un devoir moral de faire succéder, à la tutelle effective dont ils étaient investis, une tutelle morale. Ils suivent leurs pupilles dans la vie, restent en correspondance avec eux. En plusieurs villes de Hollande des patronages réunissent ces jeunes gens devenus ouvriers, le dimanche, dans l'établissement où s'écoula leur jeunesse.

A Anvers, les enfants abandonnés sortant des asiles du bureau de bienfaisance sont l'objet de la sollicitude d'un groupe important de personnes charitables.

La *Société des protecteurs des enfants abandonnés* formée par ces citoyens recueille des fonds qui servent :

1° A secourir temporairement les parents qui se trouvent, au moment de la restitution de leurs enfants, dans l'impossibilité de subvenir à l'entretien de ceux-ci ;

2° Au placement d'enfants dont les parents, par suite de maladie chronique, ou par toute autre circonstance, seraient reconnus incapables de subvenir à leur existence.

La Société créée par l'initiative privée, développée par elle, se rattache aux organes officiels de l'assistance par la nature même du but poursuivi. Le bureau de bienfaisance l'aide dans son œuvre qui est le complément de la sienne.

Plus curieuse et plus intéressante est l'œuvre, de création toute nouvelle, qui fonctionne à Berlin pour la protection des orphelins pauvres. Son but est de donner à chacun d'eux un tuteur *officieux* qui veillera sur son avenir. La Société est secondée dans l'accomplissement de sa mission par l'autorité publique. La plupart des membres de l'enseignement primaire en font partie. Voici comment la Société procède :

A la fin de l'année scolaire, les instituteurs dressent la liste des enfants des écoles communales, orphelins de père et de mère, ou de père seulement. Des pourparlers sont engagés avec les parents survivants et pauvres pour en obtenir qu'ils confient ces enfants à la Société Ce consentement n'est pas toujours accordé sans difficultés, les parents étant désireux de voir l'enfant gagner immédiatement quelque argent. Lorsque ces résistances sont vaincues la Société donne à chacun de ces orphelins un parrain ou une marraine qui, à partir du moment où cette qualité lui est dévolue, remplace le père ou la mère absents. Que l'enfant soit mis en apprentissage chez un patron ou qu'il soit envoyé dans une école supérieure pour y continuer ses études (1), les frais de son entretien sont payés par la Société. Le parrain, la marraine ont la charge absolue de leur éducation.

1. Les filles sont souvent placées dans des écoles ménagères.

CHAPITRE VI

L'ASSISTANCE MÉDICALE

Secours médicaux dans les hôpitaux, dans les dispensaires et à domicile. — Belgique : Hôpitaux privés autonomes. — Allemagne : Rétribution exigée des malades dans les hôpitaux privés. — Hôpitaux privés spéciaux à Berlin. — Une exception au principe de l'hospitalisation payante : le *Kinder-hospital Oppenheim* à Cologne.— Hôpital Notre-Dame à Christiania. — Hôpital Sophie à Stockholm, avec école d'infirmières. — Asile pour enfants malades dans la même ville. — Hôpitaux anglais. Fréquence des maladies de poitrine en Angleterre; hôpitaux *ad hoc*. — Principe de la gratuité du traitement, de règle dans les hôpitaux anglais. — Hôpitaux londonniens pour catégories spéciales de malades ; hôpitaux d'enfants, hôpitaux corporatifs; hôpitaux homéopathiques. Doctoresses pour femmes pauvres : *The new hospital for women*. — Hôpitaux généraux. Installation défectueuse des hôpitaux londonniens ; isolement des juifs. — Pratiques religieuses. — Désintéressement des grands médecins anglais; négligence de leurs aides. Nombre considérable d'Asiles de convalescence.

Hôpitaux.

Plusieurs moyens s'offrent et sont employés de secourir « médicalement » les pauvres. On procure au malade les soins d'un médecin qui donne ses consultations dans une salle d'hôpital, de dispensaire, ou au logis du patient, selon l'état de celui-ci, et les médicaments sont fournis gratuitement ou à très bas prix. Ou bien le malade est admis dans un établissement, l'*hôpital;* il y reçoit, nuit et jour, jusqu'à parfaite guérison, les secours que comporte son état.

Ce dernier système d'assistance médicale est de beaucoup le plus ancien. Depuis des siècles, sur tous les points de l'Europe, s'élèvent des hôpitaux où sont soignés les malades. Il n'y a peut-être pas de forme d'assistance qui soit pratiquée depuis plus longtemps. N'avons-nous pas, en France, un hospice-hôpital, les *Quinze-Vingts,* dont l'origine remonte aux premières croisades? L'Hôtel-Dieu de Paris, dont il subsiste des vestiges rue de la Bûcherie, ne datait-il pas du milieu du moyen-âge? En Belgique, en Angleterre, on voit encore des restes de ces anciennes fondations charitables.

L'assistance médicale à domicile est, au contraire, d'origine moderne. Elle apparaît en ce siècle. Elle naît à la fois du désir de laisser toute liberté au malade, de ne point l'astreindre à un internement hors de sa maison, préjudiciable à sa santé morale, et du besoin d'économiser le plus possible sur les dépenses sans cesse croissantes du budget de l'assistance, car l'assistance à domicile — le fait est reconnu — réalise le minimum des frais indispensables.

∴

Je l'indiquais d'un mot, il y a un instant : la Belgique est un des pays où la domination religieuse a le plus marqué sa trace par des fondations d'établissements hospitaliers. Il n'y a point, ou si peu qu'à peine s'y doit-on arrêter, chez nos voisins du Nord, d'hôpitaux entretenus sur les fonds communaux proprement dits. Tous les hôpitaux, en général fort anciens, proviennent et vivent de fondations. Cependant, nous ne nous attarderons pas à nous occuper du fonctionnement des hôpitaux privés belges parce que ceux-ci n'entrent pas précisément dans le cadre de notre étude. Les hôpitaux, en Belgique, ont, en effet, une existence propre ; ils forment une administration autonome à laquelle les communes participent sans que cette ingérence puisse aller jusqu'à l'exercice du droit de disposer des biens de ces fondations. Ces hôpitaux ne sont pas davantage des institutions privées dans le sens qu'on s'accorde habituellement à donner à ces mots. Ils ont des liens trop étroits avec les pouvoirs publics pour n'avoir pas perdu leur caractère d'œuvres privées. Nous ne nous en occuperons donc que lorsque nous traiterons la question de l'assistance officielle.

∴

Le trait caractéristique des hôpitaux privés en Allemagne c'est la contribution qu'on y perçoit. Extrêmement rares sont ceux où le séjour est gratuit. Il n'y a d'ailleurs pas beaucoup de différence, à ce point de vue, avec les hôpitaux communaux, où, généralement, les malades admis paient un prix de journée. A Berlin, les hôpitaux de la ville ne traitant que les maladies internes et les cas chirurgicaux, toute la clientèle des gens atteints de maladies spéciales s'est tournée vers la charité privée. Celle-ci a dû fonder divers hôpitaux. Dans tous on exige des malades une contribution journalière. Parmi ces hôpitaux, les uns sont créés par les ressources de sociétés confessionnelles, les autres sont des fondations pieuses ; un très petit nombre est alimenté par la générosité de simples particuliers ou d'associations charitables laïques. Juifs, catholiques ont leurs hôpitaux; il en est de même des réformés, anciens Français expulsés en vertu de l'Edit de Nantes, et qui forment dans Berlin une ville dans la ville, une colonie ayant ses usages, ses traditions, son organisation charitable, mais qu'on s'imaginerait bien à tort avoir conservé des sentiments d'affection pour leur première patrie.

Quelques-uns de ces hôpitaux sont subventionnés par la municipalité. C'est le cas du *Kaiser Friedrich*, réservé aux enfants âgés de moins de 13 ans. Le prix de séjour est de 2 marks à 2 m. 50 par jour.

Payant aussi est l'hôpital des frères *Du Lage*, situé au *Schlump*, à Hambourg, et auquel la ville accorde des subsides. L'administration en appartient à la commune. Il y a 3 classes de malades aux prix suivants : 10 marks, 6 marks et 3 marks par jour. Une dizaine de malades (l'hôpital ne reçoit que des femmes) sont soignées gratis (1).

Elberfeld, qui compte plusieurs hôpitaux

1. On a adopté à l'hôpital des frères *Du Lage* le système des petites salles; chacune contient seulement *six lits*.

privés, n'en a pas un où les malades soient traités gratuitement. Le tarif est modéré à l'hôpital catholique, vieille bâtisse abritant 150 à 200 malades ; mais sauf de très rares exceptions on applique à la lettre ce tarif.

On paie pour être soigné à l'hôpital des enfants malades, de la Ligue des dames patriotes (*Vaterlaendscher Frauen Verein* ; on paie à l'hôpital des citoyens (*Burger-Hospital*) que dirige une société privée avec le concours de diaconesses, religieuses protestantes ; on paie aussi à l'hôpital *Bethesda*, tenu par des religieuses protestantes, très fanatiques, nous a-t-il été affirmé, et qui voient, dans les soins à donner aux malades, une occasion de propager leurs idées religieuses.

Un luxueux hôpital d'enfants, *Kinder-Hospital*, à Cologne, ne suit pas la règle générale des établissements privés d'Allemagne, car les soins y sont gratuits. Son installation est très belle.

Il a été fondé, voici bientôt dix ans, grâce à la libéralité d'un banquier israélite, M. Oppenheim, qui y a consacré plus d'un million et qui a voulu que la direction en fût confiée à des sœurs de charité *catholiques*. Ce sont les sœurs *Augustines* qui ont été choisies.

L'établissement, auquel on pourrait reprocher, sans esprit de paradoxe, d'être trop beau, peut recevoir 80 malades, de l'âge le plus tendre à 14 ans. Les présences sont d'une cinquantaine en temps ordinaire, et le nombre des décès serait de 3 à 4 par mois. C'est là une proportion anormale qu'on ne s'explique pas.

Les salles, de 10 lits chacune, sont fort bien éclairées, très fraiches de ton; mais il y règne continuellement des courants d'air terribles. Les lits, jolis, coquets, sont bien espacés.

Deux médecins sont attachés à l'établissement : l'un y habite, l'autre loge au dehors.

L'admission est prononcée en faveur de tous les enfants dont une rapide enquête du bureau communal de bienfaisance a démontré que la famille était sans ressources (1).

Les frais d'administration s'élèvent à 22,000 marks par an. Heureux, et sans doute unique hôpital qui dispose de plus d'argent qu'il n'en a besoin ! Mais l'établissement ne fait pas d'économies, et les rentes sont dépensées grassement.

*
* *

Il faut signaler, en Norvège, l'hôpital Notre-Dame, à Christiania, où le service est

1. L'enfant malade est immédiatement admis. Les renseignements sur la situation de fortune de la famille ne sont pris qu'ensuite.

assuré par des religieuses françaises de l'ordre de Saint-Joseph. C'est un petit coin de terre bien française dans ce pays où nos nationaux sont rares et où notre langue est à peine connue. Aménagé pour 80 lits, cet hôpital n'en a que la moitié, rarement les deux tiers qui soient occupés. L'hospitalisation, payante en principe, comporte 3 classes correspondant aux prix de journée suivants : 5 couronnes, 3 c. 20 et 1 c. 80. L'assistance publique envoie à l'hôpital Notre-Dame, dont la tenue est excellente, cinq ou six indigents. Chaque salle ne contient jamais plus de 4 ou 5 malades. Elles sont chauffées à la vapeur, par des appareils à siphon. La bonne humeur y règne partout.

Les malades sont admis sans distinction de culte.

La Mission a établi des hôpitaux semblables, mais plus petits, à Frederichstat et à Christiansand.

∴

L'hôpital Sophie, à Stockholm, est doublé d'une école d'infirmières auxquelles on délivre, après qu'elles ont fréquenté des cours spéciaux durant un temps déterminé, un certificat d'études. Le séjour de l'hôpital est payant, aussi bien pour les malades que pour les élèves infirmières.

Un médecin oculiste a créé une clinique ophtalmologique avec 30 lits.

La princesse royale Louise a fondé un *Asile pour enfants malades* mi-payant, mi-gratuit. Une polyclinique y est annexée où l'on donne des consultations gratuites. Le prix de journée est de 50 ores (environ 70 centimes). Un autre hôpital d'enfants : « Les Samaritains », ne les reçoit qu'au-dessus de 2 ans. Les places y sont payantes, mais, en face de situations très malheureuses, la règle fléchit. L'hôpital, tenu par des protestants, ne fait, pour l'admission, aucune différence entre les croyances.

∴

L'Angleterre ? Quelle voix s'élèverait pour protester si l'on disait que ce pays est la terre des hôpitaux privés. Dans Londres seul on n'en compte pas moins de cent cinquante. Où trouvent-ils les fonds qui leur sont indispensables pour vivre ?

M. Chevallier, dans son ouvrage si complet et si exact (1), nous l'apprend à grands traits, auxquels nous ajouterons quelque peu dans un

1. *La loi des pauvres et la Société anglaise.*

chapitre spécial. Une nomenclature abrégée nous fixera sur le nombre, la destination de ces hôpitaux.

Les hôpitaux spéciaux foisonnent. Ceux pour les maladies de poitrine sont, notamment, en nombre considérable. La phtisie est la maladie des Anglais. Le climat froid et humide de la grande île, les changements fréquents de température et aussi, vraisemblablement, l'air vicié des villes manufacturières comme Londres ont une action terrible sur les bronches et les poumons. Les maladies de poitrine sévissent presque sans discontinuité. Aussi les établissements consacrés à leur traitement sont-ils très nombreux, tant dans la ville même de Londres qu'aux environs, dans les endroits où le climat est plus clément. Il y a, par exemple dans l'île de Wight, où la température est uniformément douce, le *Royal National hospital*, qui comprend 20 maisons en « dix blocs ». 134 personnes atteintes du mal de la poitrine, mais guérissables, sont hospitalisées sans rétribution aucune, pendant 10 à 14 semaines en moyenne. 1678 malades ont été traités à l'île de Wight en 1895.

Ici, à l'inverse de ce qui se passe en Allemagne, la gratuité est la règle ; on ne paie qu'exceptionnellement. Que ce soit à *North*

London hospital for consumption, qui possède un établissement dans Londres, et un en dehors ; à l'hôpital de *Browpton* dont les 321 lits sont constamment occupés ; à celui de *Victoria Park* où passent chaque année, depuis cinquante ans, un millier de malades ; ou à l'Hôpital royal (*City Road*) le malheureux que la terrible maladie a déjà touché peut se présenter sans avoir besoin de rien débourser : le séjour à l'hôpital est gratuit.

Londres a plusieurs hôpitaux ophtalmologiques gratuits ; un hôpital pour la paralysie et l'épilepsie (le président du Comité est le duc de Westminster). Les *quatre cinquièmes* des lits sont gratuits ; l'autre cinquième est réservé à ceux qui consentent à payer 21 schillings par semaine.

Il est de ces hôpitaux pour les maladies nerveuses, vénériennes, du rectum, des voies urinaires. Il y a un asile pour les idiots avec 600 pensionnaires, et un asile pour les scrofuleux adultes des deux sexes.

Les hôpitaux d'enfants ne sont pas rares. Le plus important, celui de Paddington, a 200 lits. Il est complété par une maison de convalescence où peuvent aller les enfants relevant de maladie et n'ayant pas plus de 12 à 14 ans.

Plusieurs corporations possèdent également leur hôpital; il en existe un, payant celui-là, pour les couturières, demoiselles de magasin, domestiques.

Comme il faut, autant qu'on peut, satisfaire les goûts de tous, une société privée a ouvert un hôpital homéopathique. Grâce à une autre association les femmes pauvres qui préfèrent les soins d'un docteur de leur sexe ont la liberté d'entrer à *The new hospital for women*, où médecin et chirurgien sont des doctoresses. Cet hôpital a été fondé en 1872; il contient 42 lits.

∴

Si les hôpitaux spéciaux ne manquent pas, que dire des hôpitaux généraux! Malheureusement la quantité ne vaut pas la qualité. Leur organisation, le fonctionnement de leurs services appellent plus d'une critique. Si nous visitons, au hasard, deux d'entre eux, connus, l'hôpital de *Charing Cross* et l'hôpital Français, que voyons-nous?

Dans l'un et l'autre la neutralité religieuse est proclamée; on ne demande au malade, en entrant, aucune profession de foi; toutes les confessions sont admises, mais les prières sont faites ponctuellement dans les salles tous les jours.

A l'hôpital de *Charing Cross*, l'amphithéâtre d'opérations est plus sommairement agencé que ne pouvait l'être une salle de même destination au temps d'Ambroise Paré ! Les salles de malades sont à plafond bas; les juifs sont isolés. Une chambre leur est réservée, question d'alimentation, répond-on aux visiteurs, le régime ordinaire de l'hôpital ne leur convenant pas.

L'hôpital Français, où 70 lits sont à la disposition des malades parlant ou comprenant la langue française, était peuplé, quand nous le visitâmes, d'Italiens. Est-ce bien pour cet usage que le Gouvernement de la République accorde tous les ans une subvention à l'hôpital *Français?*

Là, encore, la salle d'opérations est mal disposée, et ne répond pas aux idées qui ont cours de nos jours dans les milieux scientifiques sur les conditions d'installation que doit remplir une salle de ce genre.

La critique de l'organisation matérielle des hôpitaux anglais peut s'étendre au fonctionnement des services médicaux. La réputation des grands médecins anglais est inattaquable. Ce ne sont pas seulement d'excellents praticiens, au savoir desquels le monde médical rend un hommage mérité, ce sont aussi des gens de cœur, désintéressés. Bien souvent un de ces maîtres appelé en consultation ordonne l'envoi du malade à l'hôpital, ou lui offre le prix de son conseil. Il le refuse. Quand on le presse d'accepter il verse ses honoraires au fonds commun de l'hôpital auquel il est attaché et où il a fait entrer son client.

Mais une distance considérable sépare les maîtres de la médecine et de la chirurgie anglaises de leurs aides. Or ce sont ceux-ci qui donnent ordinairement la consultation gratuite dans les hôpitaux aux malades du dehors, et ils s'acquittent trop « par dessous la jambe », pour employer une expression populaire, de leurs fonctions intérimaires. Les pauvres s'en plaignent assez haut pour être entendus. Mais la critique ne vient pas que des intéressés. Plus d'un Anglais de la haute société l'a formulée devant moi.

∴

Le moment où un malade est considéré comme guéri est essentiellement variable. Il dépend du caractère du médecin consultant. Il y a, il y aura toujours des médecins Tant-

Pis et des médecins Tant-Mieux. Il est cependant un fait incontestable, c'est qu'avant la guérison complète, absolue, s'écoule une période de transition, pendant laquelle le malade a besoin de repos, de soins particuliers, sous peine de rechute grave. Presque partout le malade prolonge à l'hôpital son séjour jusqu'à rétablissement complet. Il continue donc d'occuper, alors qu'il n'est que convalescent, un lit que réclament de vrais malades.

Il semble qu'en Angleterre l'inconvénient d'immobiliser ainsi pour des convalescents des lits de malades ait nettement apparu aux philanthropes. Des asiles de convalescence existent en effet, en grand nombre, soit comme annexes d'hôpitaux, au bord de la mer ou à la campagne, soit comme établissements autonomes.

Ils sont payants ou gratuits. La contribution, dans le premier cas, se paie par semaine. A Folkestone, où sont réunis des convalescents adultes des deux sexes et des enfants, le prix est de 2 schillings 6 penny la semaine. Les institutrices ou employées de commerce ont une maison spéciale de convalescence à Brighton ; elles paient 8 schillings par semaine.

Il y a près de Douvres, sur une plage, une maison de convalescence pour les ouvriers.

Les enfants convalescents ne sont pas oubliés.

Des asiles ont été fondés à leur intention ; celui de Hawkenburg, à Tumbridge Wells, a un tarif qui change suivant les saisons. Du mois de mai au mois d'octobre l'hospitalisation hebdomadaire est de 5 schillings 6 ; le reste de l'année elle n'est que de 3 schillings 6.

Les enfants pauvres sont reçus gratuitement dans plusieurs asiles sur présentation d'une lettre d'un souscripteur de l'établissement. A *Saint-Léonard* en *Lea*, à défaut de cette recommandation il faut acquitter des frais de pension qui s'élèvent par mois à 30 schillings.

A Bagnor est une maison de convalescence pour les dames, veuves ou filles de « gentlemen ». Le séjour y est gratuit. Une des corporations de la cité soutient l'institution.

Il me faut arrêter là cette énumération sous peine de verser l'ennui à trop haute dose à mes lecteurs. Les exemples cités suffisent à montrer combien cette question de la convalescence est jugée importante chez nos voisins d'Outre-Manche.

CHAPITRE VII

L'ASSISTANCE MÉDICALE (*suite*)

Polycliniques allemandes. — Polycliniques pour enfants à Berlin ; organisation remarquable de ces établissements. — Société d'assistance médicale fondée par les médecins de Stockholm. — Secours médicaux à domicile en Allemagne. — La Hanspflege, à Berlin, pour envoi de gardes-malades aux malades pauvres traités à domicile. — « Union pour donner des soins aux malades pauvres chez eux » et bureau de la Croix-Rouge à Stockholm. — Wechnerinnen Verein à Berlin pour le même objet. — Sociétés anglaises pour la délivrance d'appareils orthopédiques. — Secours aux malades et aux blessés sur la voie publique. — Leur transport à l'hôpital gratuit à Paris, payant à Berlin. — Union de la Croix Rouge et Samarites allemands. — Une organisation intéressante : les *Sanitoesvacht* (gardes de santé) et les *Unfallstation* (postes d'ambulance) à Berlin.

Secours médicaux.

L'assistance médicale hors de l'hôpital revêt des formes très diverses : consultations, délivrance de médicaments, dons ou prêts d'appareils orthopédiques, gardes-malades...

Le système qui tend de plus en plus à se généraliser est celui du dispensaire et de la polyclinique. Des médecins se groupent et, dans un local commun, reçoivent, sans demander d'honoraires, les malades pauvres qui viennent les consulter.

Les polycliniques sont assez nombreuses en Allemagne. Les principales villes de l'Empire en possèdent. De toutes celles que j'ai vues, la mieux installée est la polyclinique pour enfants fondée, à Berlin, par M. le docteur Neumann, agrégé de l'Université. Son fonctionnement m'a paru si bien compris que je n'hésite pas à entrer ici, à son sujet, dans quelques développements.

L'immeuble, construit aux frais de M. le docteur Neumann, est situé, 78, Blumenstrasse. Il se compose de trois étages. En arrivant, la mère ou la personne qui conduit un enfant à la consultation reçoit un numéro d'ordre. L'infirmière qui le délivre examine en même temps le petit malade, et questionne la mère. Si les indications sommaires recueillies au cours de cette rapide conversation font *supposer* à l'infirmière que l'enfant est atteint d'un mal contagieux, le petit malade est placé dans une salle d'observation et d'isolement au rez-de-chaussée. La suspicion était-elle légitime ? s'agissait-il bien d'un cas de contagion ? la mère et l'enfant sortent par une autre issue, sans avoir eu de contact avec aucune des personnes, malades ou gens de service, de la maison.

Quand la petite enquête préalable de la guichetière-infirmière n'a point donné de résultat en ce sens, les malades montent aux salles d'attente de consultation qui sont : pour les maladies spéciales et internes, des oreilles, du nez, des yeux, des nerfs, au 1er étage ; pour la chirurgie et les maladies dentaires, au 2e étage.

Chaque salle d'attente est aérée et ventilée au moyen d'appareils perfectionnés. Afin que les bambins se puissent distraire en attendant la visite on a couvert les murs de peintures à fresque qui excitent leur rire ; des jouets sont à leur disposition.

Chaque médecin a son cabinet de consultation dont la porte donne sur cette salle d'attente.

Un bulletin est rempli par lui, pour tout enfant examiné ; ce bulletin est consulté à chaque visite.

Les cabinets d'opération au 2e étage sont précédés d'une salle pour la préparation des instruments, bandages, etc. Il existe une salle d'orthopédie ouverte plusieurs jours par semaine.

Au 3e étage, des petites salles de 2 et 4 lits sont réservées aux enfants qui, opérés à la polyclinique, ne peuvent en sortir immédiatement. On les y garde pendant le temps nécessaire pour écarter tout danger.

Salle de bains, laboratoire, ateliers de photographie, rien ne manque à cette polyclinique.

Les soins y sont absolument gratuits. On se borne à demander aux personnes qui les réclament quelques renseignements sur les charges et les ressources de la famille.

L'attention avec laquelle on a surveillé l'installation de la polyclinique se révèle dans les moindres détails. Nous en donnerons une idée en disant que dans l'escalier court une double rampe : l'une pour les grandes personnes, l'autre à portée de la main des enfants.

Dans les salles d'attente sont placés des appareils à bain-marie à l'aide desquels les mères, en attendant leur tour de consultation, peuvent chauffer le lait des biberons. L'un de ces appareils contient du thé à l'usage des personnes présentes.

La polyclinique du Dr Neumann est créée pour les enfants depuis la naissance jusqu'à l'âge d'environ 15 ans; 20 médecins y sont attachés. Quelques-uns sont rétribués modiquement. Le plus grand nombre d'entre eux exercent gratuitement, et plusieurs font des cours assez suivis par les étudiants.

Quand il est nécessaire les malades reçoivent de l'établissement des médicaments, du vin et de la nourriture.

M. le Dr Neumann a bien voulu nous communiquer la statistique dressée par ses collaborateurs, d'après leurs fiches de consultation, des enfants traités à la polyclinique. Elle se peut ainsi résumer, par catégories : 5 pour cent d'enfants illégitimes, 10 p. 0/0 d'enfants de veuves ou de femmes abandonnées, et un nombre très variable (10 à 40 0/0) d'enfants de gens sans travail.

∴

A Stockholm, où aucune institution de bienfaisance pour les soins médicaux ne peut exister sans l'autorisation de l'Administration et sans rester soumise à sa surveillance, une société de médecins s'est constituée pour soigner les malades pauvres et leur fournir des médicaments.

*
* *

Garantir aux pauvres, en cas de maladie, un traitement gratuit, à l'hôpital, est assurément une bonne chose.

Cela ne suffit pas. Que de personnes ont la peur de l'hôpital et préfèrent rester chez elles, au milieu d'une famille qui les affectionne !

Mais quelles dépenses entraîne cette préférence bien naturelle ! Que le malade puisse se rendre à la consultation de la polyclinique, ou qu'il reçoive à domicile la visite du médecin des pauvres, la maladie est encore trop coûteuse ! Ce sont des médicaments, une nourriture plus délicate, partant plus chère, une aide, servante, infirmière ou religieuse, qui s'impose, surtout lorsque la malade alitée est la mère de famille.

La charité privée a songé à ces besoins. Les œuvres qu'elle a créées pour y pourvoir sont de celles qui méritent le plus d'être encouragées et imitées. Tantôt, des dames charitables vont porter aux pauvres malades des aliments, des fortifiants ou des objets de literie, couvertures, draps, etc.; ou bien ce sont des sociétés qui se donnent pour unique mission de fournir gratuitement aux familles nécessiteuses, dont le père ou la mère est au lit, une garde-malade ou une femme de ménage.

A Cologne, la société dont nous avons déjà dit quelques mots, « Kolner Wohlthatighetts verein », n'a pas d'établissements hospitaliers et pourtant elle vient beaucoup en aide aux malades et elle secourt principalement les femmes grosses ou relevant de couches, en leur distribuant un peu d'argent, mais plus ordinairement en leur délivrant des couvertures, des vêtements, de la literie. Elle agit de même envers les enfants.

∴

Une « Union pour donner des soins aux malades pauvres chez eux » fonctionne à Stockholm. Son titre dit en partie le but qu'elle poursuit. Gratuitement, les visiteurs de cette société se rendent au chevet des malades et fournissent les médicaments ou aliments prescrits par le médecin.

En la même ville, le bureau de la Croix-

Rouge procure des gardes-malades aux pauvres. Ce sont des sœurs infirmières de Sainte-Elisabeth.

∴

Mais l'organisation qui, en ce genre, approche le plus de la perfection est celle qui existe à Berlin sous le titre de *Wechnerinnen Verein*. Cette société donne, à domicile, pendant une dizaine de jours, du lait, du vin, des soupes, des vêtements aux femmes nouvellement accouchées. Elle compte, dans la ville, 49 subdivisions, à la tête de chacune desquelles est placée une dame. Tous les secours sont distribués à titre gratuit.

∴

Plusieurs sociétés de Berlin ont pour objet de secourir les malades qui ne s'adressent pas aux hôpitaux.

Berliner Verein fur hausliche Gesundheitspflege est une de ces sociétés. Elle procure aux malades, chez eux, les soins que réclame leur santé. La Société donne du lait, des œufs, du vin, des sels pour bains fortifiants. Elle envoie au chevet des malades, pour les soigner, des sœurs de charité.

La Société a dix bureaux dans Berlin. Ses enquêteurs font connaître la situation de fortune des personnes assistées. Lorsque ces personnes sont indigentes la Société les exempte du remboursement des dépenses faites.

En 1895, *Berliner Verein fur hausliche Gesundheitspflege* a distribué 1.376 bains, 6.225 bons de chauffage, 1.334 livres de viande et 69.448 litres de lait.

Dans les trois polycliniques de la Société on a soigné 13.218 malades.

Dans 1.458 cas des religieuses ont été désignées pour soigner des malades.

Les consultations médicales ne sont jamais payées.

∴

Une société qui fonctionne depuis le mois d'avril 1897 se charge exclusivement de fournir des gardes-malades aux ménages pauvres où se trouve un malade. Cette société, *Hauspflege des Berliner Frauenverein*, se préoccupe d'éviter aux mères de famille, grâce à cette assistance si utile, de reprendre leurs travaux avant guérison complète. Les femmes de ménage que la Société fournit gratuitement sont payées par cette dernière 1 mark par jour si elles sont nourries dans la famille, et 1 mark 50 si elles prennent les repas au dehors.

Les demandes pour l'envoi de ces aides sont adressées aux sœurs de charité de quartier et l'instruction en est confiée à des dames enquêteuses de la Société.

⁂

En Angleterre, à Londres, principalement, la philanthropie paraît s'être attachée à doter les malades des appareils ou accessoires dont l'emploi leur est prescrit par les médecins et chirurgiens et qui, dans la plupart des cas, sont d'un prix élevé. C'est ainsi qu'il existe plusieurs sociétés pour offrir en don des appareils d'orthopédie, des bas élastiques, des membres artificiels aux malades et éclopés. Quelques-unes de ces sociétés prêtent même, sur la recommandation des souscripteurs, des matelas hydrauliques en caoutchouc et des fauteuils mécaniques roulants, telle *The Surgical aid Society*.

Les sociétés ne fournissent ces appareils que sur la présentation d'un certificat du chirurgien traitant. L'une d'elles rend service de la sorte à 240 ou 280 malades par semaine.

Une société semblable, *City of London Trust Society*, qui date de 1807, a pour président le prince de Galles. Une souscription annuelle d'une guinée donne droit à quatre lettres de recommandation. Voilà, n'est-il pas vrai, un moyen économique de faire le bien — à bon compte?

Une somme de 5 guinées versée une fois pour toutes donne droit à deux lettres de recommandation par an (1).

Beaucoup de sociétés semblables se disputent la clientèle des blessés ou des malades pauvres de Londres. Ceintures abdominales, genouillères, béquilles, sondes, seringues, cornets acoustiques, les instruments les plus divers inventés par l'orthopédie pour cacher ou atténuer nos infirmités physiques sont mis à la disposition de ceux qui n'ont pas les moyens de se les offrir de leurs deniers.

1. Les prospectus — d'allure absolument commerciale — de ces sociétés de bienfaisance privée entrent parfois dans des détails amusants. On n'y oublie rien. Veut-on annoncer aux futurs membres de la Société que leur fonction ne leur causera aucune surcharge d'occupations? On les prévient qu' « ils peuvent signer en blanc leurs lettres de recommandation au bureau de la Société, qui en fera un bon usage ».

∴

Secours aux malades ou blessés sur la voie publique.

En cas d'accident ou d'indisposition subite sur la voie publique il convient de pouvoir donner au blessé ou au malade les premiers soins, très promptement, et avec les meilleures garanties médicales possibles. Le pharmacien, plein de bon vouloir, n'a pas toujours la science, moins encore a-t-il la pratique, suffisante pour remplacer à l'improviste le médecin ou le chirurgien.

L'administration des premiers secours, le premier pansement sont choses délicates, et qui peuvent être graves, car le salut ou la perte du patient en dépend très souvent.

Le pharmacien aurait-il les qualités, le talent d'un praticien, que le malade apporté chez lui risquerait encore de ne pas être traité comme il faudrait, l'installation matérielle de l'officine ne s'y prêtant guère.

Pour ces motifs on a cherché en différentes villes à établir un service spécial de secours aux blessés ou malades sur la voie publique.

A Paris, la Société des ambulances urbaines,

qui a doté la Ville d'un service complet, avait seulement en vue le transport de ceux-ci à l'hôpital avec le plus de célérité et dans les meilleures conditions possibles.

La Belgique, la Hollande, la Suède et la Norvège, l'Allemagne n'ont pas, à ma connaissance, d'organisation similaire. A Berlin, où circulent des voitures d'ambulance, elles n'appartiennent pas à une société charitable ; elles sont exploitées par un particulier comme un service ordinaire de voitures, et à des conditions assez onéreuses. Le coût du transport par ces voitures, qui manquent de confort, n'est jamais inférieur à 6 marks ; il atteint fréquemment 10 marks.

La municipalité subit ces conditions pour le transport des malades pauvres.

⁂

Il existe cependant en Suède et en Allemagne des sociétés pour secourir les personnes malades ou blessées sur la voie publique.

Cette mission dans le premier de ces deux pays est dévolue à l'*Union de la Croix-Rouge*, qui n'est autre que la section suédoise de la Croix-Rouge de Genève.

Dans presque toutes les villes d'Allemagne,

le *Deutscher Samariter-Verein. Aufnahme Verunglückter*, la « Réunion des Samarites allemands », organise ces secours.

Lorsqu'on se promène à travers les rues de Cologne, les regards sont attirés, tantôt par des croix rouges sur fond blanc, tantôt par des plaques émaillées portant ces deux mots : « Samariter Station ». Ces croix et ces plaques posées sur le mur des maisons, de distance en distance, indiquent qu'on peut s'adresser là en cas d'accident ou de malaise subit.

Ces petits postes sont installés chez des particuliers. On y trouve, dès qu'on en a besoin, ce qu'il faut pour soigner un malade, panser un blessé, y compris la civière nécessaire au transport à l'hôpital.

Les jours de fête, de cérémonie publique où l'on prévoit une plus grand affluence, la Société organise des services extraordinaires.

Cologne possède vingt-huit stations de Samarites allemands.

⁂

L'organisation pour secours aux blessés et aux malades, qui mérite, à l'heure actuelle, de retenir l'attention, est celle qu'on peut étudier à Berlin sous la double forme des *sanitœtsvacht* et des *unfallstation ;* ce sont deux institutions qui se complètent, et l'on ne saurait parler de l'une sans s'occuper de l'autre.

Les *sanitætsvacht* (ou gardes de santé) sont des postes établis dans différents quartiers de la ville par une société privée pour donner les premiers soins aux victimes d'accidents et aux malades. Le service en est confié à un médecin qui y demeure en permanence *du soir au matin* en compagnie d'un aide infirmier.

A l'intérieur de presque toutes les maisons berlinoises un tableau très apparent indique la plus proche station d'ambulance.

L'*unfallstation* est également un poste d'ambulance, mais celui-là est réservé aux cas chirurgicaux, et il est ouvert tout le jour. Il y en a six dans la ville contre trente *sanitætsvacht.*

Les médecins qui y donnent leurs soins sont d'anciens assistants des hôpitaux.

Dans les *sanitætsvacht* comme dans l'*unfallstation* le médecin ou le chirurgien de service se rend, à premier appel, chez quiconque habitant le quartier le fait demander.

La tendance s'affirme de réunir en un même local l'*unfallstation* et le *sanitætsvacht.* Nous avons visité deux de ces postes jumeaux situés Birider Str., 33.

Ils sont installés en boutique sur rue. Malades ou blessés attendent leur tour de consultation dans la première salle. Deux salles sont réservées, l'une aux opérations ou pansements, l'autre aux consultations. De l'une à l'autre vaque une sœur de charité luthérienne. Un médecin dirige le service. Un de ses collègues ou des étudiants en médecine l'assistent.

Les petites opérations et les pansements qu'elles entraînent sont faits immédiatement et avec soin. Doigts coupés au massicot, pied broyé dans un engrenage, oreille déchirée au cours d'une rixe sont recousus, rajustés. L'institution est connue ; les chefs d'industrie y envoient leurs ouvriers blessés à l'atelier. Dans une station moyenne, celle dont nous parlons, par exemple, 1218 patients ont été soignés en moins de sept mois, du 1er janvier à la date de notre visite (août 1897).

On voit quels services est appelée à rendre l'institution de ces *unfallstation* et de ces *sanitœtsvacht* que subventionne la municipalité de Berlin. Il n'y a qu'une ombre à ce tableau ; elle s'étend assez pour le couvrir à demi : ce service n'est pas du tout gratuit. C'est une sorte d'entreprise médicale. La consultation se paie bel et bien de 2 à 3 marks, soit 2 fr. 50 à 3 fr. 75, et lorsqu'un malheureux se présente, sans argent en poche, on a tôt fait de porter sa consultation au compte de la Ville. Quoique celle-ci vienne en aide à la Société des gardes de santé et des postes d'ambulances, elle ne lui rembourse pas moins les frais occasionnés par ces malades nécessiteux.

Avec cette organisation, le public a la certitude d'avoir des secours médicaux et chirurgicaux à toute heure du jour et de la nuit.

C'est ce qu'il en faut retenir.

CHAPITRE VIII

L'ASSISTANCE MATERNELLE

Croissez et multipliez. — La protection de la maternité. — Refuges-ouvroirs. — Leur petit nombre à l'étranger. — Les soins aux accouchées en Allemagne. — Les maternités anglaises. — Leur primitivité d'installation. — Un exemple stupéfiant. — Les filles-mères. — Ostracisme qui les frappe. — « Premier péché pardonné »... Mot d'une directrice d'asile de Bruxelles.

∴

« Croissez et multipliez », dit la Bible. Les gouvernements se sont approprié le conseil et le répètent à toute occasion. Par malheur, en la circonstance, comme en bien d'autres, les actes n'accompagnent pas les paroles. Il suffit de regarder en France à quels faibles résultats aboutissent les tentatives de ceux qui réclament des pouvoirs publics quelques avantages fiscaux, en faveur des familles chargées d'enfants, pour mesurer la distance qui sépare de leur application la proclamation des principes les plus justes.

Sur un point, pourtant, on commence à constater des preuves évidentes de bonne volonté et une transformation des mœurs. Ce n'est évidemment qu'une ébauche de mouvement, un tout petit début, mais il n'est pas inutile de le noter. On s'intéresse chaque jour davantage en notre pays, à Paris principalement, à l'enfant né d'hier, à celui qui naîtra demain. La mère est l'objet de soins particuliers. Pour elle la ville de Paris a construit de très beaux refuges-ouvroirs, des maternités bien installées.... On a compris le programme que traçait naguère M. Paul Strauss (1) et qui peut se résumer en quelques mots, paraissant être des « Lapalissades » : « Avant de créer il faut d'abord savoir conserver ». Rien ne sert, en effet, de mettre au monde des enfants si le défaut de précautions, les maladies, une mauvaise alimentation les en font aussitôt disparaître. Conclusion : Veillez sur la maternité, veillez sur l'élevage des enfants. C'est le premier moyen de diminuer la mortalité infantile, partant d'accroître la population.

1. *L'enfance malheureuse*. 1896.

Ces vérités, aujourd'hui admises en France, si elles ne sont pas absolument méconnues à l'étranger, y paraissent du moins ignorées d'étrange façon. Les asiles maternels, pour offrir un abri à la femme enceinte avant sa délivrance, les maternités, les refuges propres à prolonger après l'accouchement le repos auquel la parturiente a droit, qui lui est nécessaire pour reprendre des forces, rétablir sa santé, et qu'elle ne peut trouver à l'hospice où l'insuffisance de place, où la coutume font qu'on ne garde les accouchées qu'une dizaine de jours, ces divers établissements d'assistance pour le bien de la maternité sont rares dans les pays du Nord de l'Europe et font défaut complètement dans quelques-uns.

En soupçonne-t-on seulement le besoin en Hollande? Les autorités locales en Suède et en Norvège s'intéressent un peu au sort des femmes enceintes. Il y a cependant à Christiania, en dehors de la Maternité qu'administre l'Etat, un refuge pour les femmes en état de grossesse. Dans cet établissement, dont le fonctionnement est assuré par des contributions individuelles, volontaires, les femmes sont admises quelque temps avant la délivrance et peuvent demeurer après le délai de dix jours ordinairement assigné comme séjour aux accouchées dans les hôpitaux. Ce refuge privé provient d'un legs fait par un avocat, M. Sebbelow qui longtemps habita Paris. Le titre de la maison: *Sebbelows Stiftelse*, rappelle le nom de ce bienfaiteur. Stockholm possède une Maternité privée de peu d'importance.

∴

L'initiative privée supplée, en Allemagne, pour une très petite part, l'assistance officielle qui n'a pas encore abordé résolument l'étude de cette question spéciale d'assistance.

Quelques-uns des asiles ouverts pour les femmes enceintes aux frais des Sociétés privées sont bien installés, ceux de Cologne, par exemple. A la tête de la Société des Asiles de cette ville : « Wochnerinnen Asyl », est placée Mme Becker, épouse de M. le docteur Becker, député au Reichstag et maire de Cologne. Les femmes grosses ont droit à un séjour de neuf jours, mais on ne les refuse pas lorsqu'elles se présentent un peu avant l'accouchement.

A Berlin, l'assistance privée se reposait jusqu'en ces derniers temps sur sa voisine, l'assistance publique, du soin d'offrir aux femmes enceintes les secours nécessaires à leur état ; depuis trois mois, grâce à une association de dames berlinoises, une maternité de 20 lits permet aux femmes de la classe pauvre d'accoucher avec toutes les garanties de la science opératoire, en même temps qu'elle assure à ces femmes un abri de plusieurs jours avant le terme prévu. Fait assez singulier, cet établissement n'est pas très en faveur chez le peuple; les femmes semblent préférer accoucher chez elles, où cependant l'insuffisance des soins médicaux et chirurgicaux est évidente.

Dans quelques villes cependant très habitées, comme Elberfeld, il n'y a pas une seule maternité communale. L'initiative individuelle a élevé une maison d'accouchement réservée aux seules femmes mariées, pauvres et *ayant déjà des enfants*. Une sage-femme assistée d'un médecin dirige cette maternité. Les soins ne sont d'ailleurs pas donnés gratuitement. L'établissement, pour les couvrir, perçoit 1 mark par jour. Dans ce prix sont compris les menus objets de layette indispensables pour la première toilette du nouveau-né.

La maternité privée d'Elberfeld remplit un autre office. Pour le comprendre il faut connaître certaine habitude allemande. En Allemagne, dans les familles bourgeoises, la mère se fait aider, pendant les premières semaines qui suivent l'accouchement, par une jeune fille.

Ce n'est point là un service qui s'apprend du jour au lendemain comme celui de la table ou de la cuisine, ou dont on se contente par à peu près.

La Société dont nous parlons dresse des jeunes filles à cet emploi spécial qui ne correspond tout à fait ni à celui de bonne d'enfants ni à celui de garde-malade. On leur apprend comment on baigne les nouveau-nés, de quelle façon il faut les emmailloter et aussi les soins qui conviennent à l'accouchée. Ces apprenties d'une profession si particulière rapportent à l'établissement. Elles paient 50 pfennigs par jour pendant la durée de cet apprentissage. Quand il est terminé, le médecin et la sage-femme délivrent à la jeune fille, mi-bonne, mi-infirmière, un certificat attestant son aptitude à soigner les femmes en couche et les nouveau-nés.

∴

A Londres, la Maternité de la reine Charlotte recueille 1100 malades par an.

Dans City Road, *The city of London Lying in hospital* n'accepte que les femmes mariées produisant leur certificat de mariage.

La rudimentaire installation des salles, l'insuffisance et l'ancienneté des méthodes de traitement en usage dans quelques-unes des maternités anglaises sont faites pour stupéfier.

Je me souviens encore, comme si c'était d'hier, d'une visite que je fis à *British Lying in Hospital*, Endell Street (St-Gilles), et qui me causa un étonnement profond. Cet hôpital privé est destiné aux femmes enceintes mariées. Il a 16 lits ; il est entretenu par des contributions volontaires depuis sa fondation, vieille de près de cent-cinquante ans (1749). Les chambres sont de quatre lits. Je les avais parcourues et examinées une à une, fort surpris de ne voir ni bébés ni berceaux. Je crus m'être trompé sur la destination de l'hôpital, et m'en ouvris à la directrice. Elle me confirma que l'établissement était bien une maternité.

— Mais, fis-je, de plus en plus intrigué, que fait-on des nouveau-nés ? Où sont-ils ?...

Avec une simplesse qui me désarma, la directrice m'indiqua le lit d'une accouchée ! Et, en effet, les enfants n'ont pas de couchettes personnelles ; aucune nourrice ne prend soin d'eux : ils restent avec la mère, dans son lit, depuis l'heure de l'accouchement, et ils sont si bien enfouis sous les draps que *je n'en avais pas aperçu un seul* au cours de ma visite !

A peine ose-t-on deviner les conséquences d'une pareille pratique !

∴

Nous ne connaissons à Bruxelles qu'une seule tentative, très modeste, sur un champ d'action restreint, de la charité privée pour l'assistance aux femmes enceintes. L'honneur en revient à l'*Œuvre de l'Asile maternel* qui a fondé un asile maternel, Nouveau Marché-aux-Grains, 26, il y a neuf ans.

Aux termes du règlement de cet établissement, les femmes ne sont reçues à l'Asile que dix jours avant et ne peuvent y rester que dix jours après leurs couches. Cependant, dans des cas exceptionnels, et lorsque la place ne fait pas défaut, la direction autorise les pensionnaires à prolonger leur séjour.

Pour être admise à l'Asile maternel, qui ne contient qu'une douzaine de lits, les femmes doivent être enceintes d'au moins sept mois, e être domiciliées à Bruxelles ou dans les communes de la banlieue de cette ville, ne fût-ce que depuis 24 heures. Pour preuve de ce domicile, les intéressées ont à fournir un certificat de l'Hôtel de Ville.

Aucune distinction n'est faite quant à la nationalité des solliciteuses. La majeure partie des femmes qui frappent à la porte de l'Asile maternel sont des filles-mères. On les accepte, après que le médecin s'est assuré qu'elles n'ont pas de maladies spéciales et à la condition expresse qu'elles n'ont jamais eu d'autres enfants. S'il est reconnu qu'elles ne sont pas à leur première grossesse on les renvoie sans pitié.

Où vont les malheureuses qui se trouvent dans ce cas ? On ne s'en inquiète point. Aucun refuge n'existe pour elles à Bruxelles. Si l'on se montre surpris de ce traitement, la direc. trice de l'Asile maternel répond : « Il faut pardonner le premier péché, mais pas le second ». Phrase clichée que nous entendrons en d'autres pays, en Allemagne notamment, dans les crèches entretenues par des sociétés religieuses où les filles-mères supportent pour leurs enfants une taxe de gardiennage sensiblement plus élevée que celle réclamée aux femmes mariées.

∴

Les femmes admises à l'Asile maternel prennent d'abord un bain et revêtent le costume de la maison. Leurs vêtements sont ensuite exposés à l'air, dans le jardin, avant d'être placés au grenier. On ne les désinfecte pas.

Le travail à l'Asile est obligatoire. On fait le

ménage en commun, les lits, les chambres, la cuisine. Dans l'après-midi, les pensionnaires s'occupent à des travaux d'aiguille, le plus souvent à la confection de layettes.

Il y a deux dortoirs, l'un pour les femmes grosses, l'autre pour les accouchées. Quand le terme de leur délivrance approche, est imminent, les femmes enceintes quittent l'Asile pour se rendre à la maternité communale ; elles y restent dix jours après leur accouchement si elles le désirent.

Ce refuge-ouvroir minuscule est propret ; les murs des salles sont peints à l'huile dans la partie basse et recouverts de chaux pour le haut. L'entretien est ainsi très facile sans que l'hygiène y perde rien.

Est-il bien nécessaire d'ajouter que la maison ne désemplit pas pendant les mois d'hiver, de novembre à avril, et que le contingent de la population hospitalière est formé presque exclusivement de servantes, gouvernantes, femmes de chambre ?

Ces constatations sont communes à tous les refuges de femmes.

CHAPITRE IX

ALIÉNÉS

Les progrès de l'aliénation mentale. — Nombre considérable d'asiles privés d'aliénés en Belgique. — Insuffisance de leur service médical. — Opinion de M. Bergerem, ministre de la Justice. — Les comités de patronage.

Les progrès de l'aliénation mentale inquiètent partout les pouvoirs publics. En Suède, en Hollande, en Belgique on se plaint de l'insuffisance croissante des places disponibles dans les établissements destinés à les recevoir.

En Suède il y a deux sortes d'asiles : 1° pour les fous curables ; 2° pour les fous incurables. Les asiles existant dans les différentes provinces offrent un nombre total de 3000 places. Or il y a 6000 aliénés ; les autres sont traités à domicile. A Stockholm, adossé à l'hospice pour les vieillards, est un asile d'aliénés ouvert depuis 2 ans seulement.

Il compte déjà 300 aliénés.

30 places doivent toujours rester libres, à la disposition de la police.

En Hollande, le plus grand nombre des aliénés sont soignés dans des établissements privés.

En Belgique, l'Etat possède les asiles de Mons et de Tournai, ainsi que la colonie de Gheel; la députation permanente de la province de Liège administre celle de Lierneux. Les autres asiles sont placés entre les mains des hospices civils, ou de simples particuliers, qui en gèrent à leur guise les intérêts.

La loi belge autorise la séquestration des aliénés dans leurs familles. Le médecin de la famille doit remettre trimestriellement un certificat au juge de paix, qui peut faire visiter l'aliéné par le médecin qu'il désignera, chaque fois qu'il le jugera nécessaire.

Les partisans les plus zélés de l'extension des attributions de l'Etat ne peuvent songer à lui conférer le monopole du traitement des aliénés. Cette mesure entraînerait des frais d'expropriation des asiles privés, et une augmentation permanente des dépenses, et ses avantages seraient incertains. Pour améliorer le sort des aliénés il suffirait d'améliorer la surveillance des asiles privés, surtout au point de vue médical qui, dans certains d'entre eux, laisse beaucoup à désirer. S'il ne s'agissait que de loger, vêtir et entretenir les aliénés dans les conditions les moins coûteuses, les asiles privés devraient sans doute avoir la préférence. Un industriel ou une société particulière sont libres de débattre leurs prix avec les fournisseurs, peuvent marchander, faire des essais à leurs risques et périls, tandis que les fonctionnaires de l'Etat, dépourvus de tout droit d'initiative, sont astreints à observer des règles fixes : le contrôle, la surveillance, la multiplicité des écritures entraînent les administrations publiques à des frais dont sont exempts les établissements privés.

Mais si, au point de vue de la modicité des dépenses, les asiles privés peuvent présenter des avantages, il n'en est pas de même en ce qui concerne le service médical.

Aucun asile privé en Belgique, sauf celui de Glain, n'est dirigé par un médecin.

Dans son rapport du 27 novembre 1894, M. Bergerem, ministre de la Justice, critique en ces termes la conduite des médecins des asiles privés :

« La vie scientifique n'existe pas dans le plus grand nombre de nos asiles. Les médecins, absorbés par le soin de la clientèle privée, n'accordent qu'une attention fugitive, le temps strictement nécessaire, tant à l'étude de la spécialité qu'ils représentent qu'à l'examen et au traitement des malades qui leur sont confiés. Les lacunes du registre médical autant que l'absence de toute bibliothèque, de tout instrument scientifique, témoignent de l'indifférence de certains médecins, dont la tâche paraît se résumer dans les visites réglementaires, nécessairement écourtées par les exigences de la clientèle ordinaire. »

Le travail des aliénés, en Belgique, n'est organisé régulièrement que dans les asiles publics, et peu, ou point, dans les asiles privés. Dans quelques-uns de ces derniers un petit nombre d'aliénés sont occupés aux travaux des champs; quelques-uns font de menus ouvrages par distraction, d'autres enfin sont abandonnés au désœuvrement.

Comités de patronage

Les *Comités de patronage* ont, en Belgique, un caractère semi-officiel. Des attributions spéciales leur sont dévolues en vertu des lois.

Ces comités fonctionnaient principalement, jusqu'en ces derniers temps, en faveur des enfants moralement abandonnés ou coupables et des détenus. Certains comités, comme ceux de Mons et de Tournai, organisent maintenant le patronage des aliénés.

Ces patronages, outre qu'ils surveillent les intérêts des aliénés pendant leur internement ou leur séquestration à domicile, leur procurent des distractions, leur cherchent du travail après la sortie de l'asile. Ils s'efforcent de lutter contre la prévention publique d'incurabilité des individus atteints de démence.

L'idée excellente fait son chemin, et la création de ces patronages tend, en ce moment, à se généraliser en Belgique.

Pour entrer plus sincèrement en communion d'idées, afin d'accomplir la mission qui leur est confiée, tous les comités de patronage sont fédérés, et se réunissent une fois par an en assemblée générale.

CHAPITRE X

INFIRMES, ESTROPIÉS, AVEUGLES, SOURDS-MUETS

Instituts et écoles pour sourds-muets. — Sociétés d'assistance aux aveugles. Etablissement de *Tottenham Court Road:* les aveugles boutiquiers. — Société de secours pour les mutilés estropiés et éclopés à Gothembourg. — Polyclinique orthopédique. Ecoles de métiers pour les infirmes. — Hospice des enfants estropiés à Stockholm. — Autres hospices scandinaves pour infirmes et estropiés. — Ecoles des enfants idiots. — Sociétés anglaises d'instruction des enfants infirmes. — Hospice mixte de Bruxelles. — Mise en pratique de la fable de l'Aveugle et du Paralytique.

Infirmes, estropiés.

Les infirmes, les estropiés sont, dans presque tous les pays, l'objet de soins particuliers de la part des autorités locales et des sociétés privées d'assistance. Les asiles pour les aveugles et les sourds-muets fonctionnent un peu partout sans différences appréciables. Stockholm a son institut royal de sourds-muets (1) et une « Union » de ceux-ci qui joue le rôle de société de secours mutuels, distribuant des secours aux sociétaires nécessiteux. A l'*École Muette*, ouverte grâce aux fonds de généreux particuliers, on s'occupe de l'instruction et de l'éducation des enfants muets, aveugles, idiots, sourds, mais surtout d'enfants sourds-muets.

L'*Union pour le bien des aveugles*, la *Maison de travail* pour les aveugles sont aussi le fruit de l'initiative individuelle.

Christiania a deux instituts distincts pour les aveugles et les sourds-muets.

∴

A Hambourg, une Société privée se charge de distribuer des secours aux aveugles adultes. Elle veille sur leur sort, met en pension ceux qui sont incapables de rien gagner en travaillant. Les enfants sourds-muets de naissance, ou devenus sourds-muets ou ayant l'ouïe très

1. La direction de l'établissement est aux mains d'un fonctionnaire nommé par le roi, mais l'institution, fondée par donation, vit de revenus charitables, legs, etc.

dure, sont instruits dans un établissement spécial.

Multiples sont à Londres les hôpitaux ophtalmologiques et les associations pour le développement du bien-être de l'aveugle. A *Tottenham Court Road,* un établissement hospitalise gratuitement près de cent aveugles adultes qu'on exerce à des métiers simples : brosserie, vannerie, cannage de chaises, travaux de fantaisie en bois, fagots, nattes. Les aveugles ont leurs propres boutiques dans lesquelles sont vendus les objets qu'ils fabriquent. On cherche à atténuer autant qu'il est possible, le caractère charitable de l'hospitalisation. La somme des salaires distribués pendant les vingt dernières années (un million de francs), sans compter les pensions accordées, représentant 250,000 francs, dit assez que les résultats obtenus sont des plus honorables pour l'institution.

*
* *

Des cliniques privées prodiguent leurs soins, dans un très grand nombre de villes, aux personnes atteintes de maladies des yeux. A Elberfeld, un oculiste payé par la Société des *Frauen Verein* soigne les enfants pauvres qui ont une affection de la vue.

∴

La Suède et la Norvège, le premier de ces deux pays plus que tout autre, se sont attachées presque exclusivement à remédier aux tristes conséquences des infirmités humaines. Les tares physiologiques, les difformités de naissance ou accidentelles ont leurs établissements spéciaux. La science ne s'y propose pas de guérir ce qui n'est point guérissable, mais une philanthropie intelligente s'essaye à tirer de ces êtres incomplets, auxquels manquent certains membres ou dont le cerveau présente des lacunes, la somme d'efforts industrieux nécessaires pour leur permettre de vivre utilement et honorablement.

Dans cet ordre d'idées il convient de citer en premier lieu les sociétés d'assistance aux estropiés et éclopés qui fonctionnent tant à Gothembourg qu'à Stockholm ou à Christiania. Décrire l'organisation de l'une d'elles, c'est faire connaître, à peu de chose près, les autres.

Nous prendrons pour type la plus ancienne de ces sociétés, celle qui a servi de modèle en ces deux pays, la *Société de secours pour les mutilés, estropiés et éclopés*, à Gothembourg.

Depuis 12 ans déjà le pasteur et philanthrope danois *Hans Knudsen* avait institué à Copenhague sa Société : *Samfundet, som antager sig vanføre oglemlästede*, dans le but de soulager le triste sort des mutilés et estropiés, lorsque se tint en 1884, dans la capitale du Danemark, le *Congrès international des médecins.*

Le pasteur Knudsen jugea le moment opportun de faire connaître son institution. Il raconta ses premiers pas dans cette voie, dit le principe sur lequel il avait basé sa conception : l'oisiveté donne naissance à la démoralisation du corps et de l'âme. Cet homme de bien avait d'abord fondé une *Polyclinique orthopédique*, espérant améliorer la difformité corporelle de l'estropié, puis il avait compris que le plus important, le plus pratique était de faciliter aux estropiés l'utilisation des membres non mutilés, et il avait ouvert une *Ecole professionnelle.* Les estropiés y apprirent un métier, grâce auquel ils assuraient leur subsistance ou, du moins, y contribuaient.

Quand il eut fait le récit de ses tentatives, le pasteur Knudsen offrit, aux regards des congressistes, le spectacle d'un atelier en plein travail. Puis il montra, en une expressive exposition, les ouvrages de ses élèves de l'Ecole professionnelle. Le grain de l'idée était semé. Il germa bientôt. Un médecin de Gothembourg sut intéresser, au projet de former une institution semblable, un public nombreux.

La presse ne resta pas en dehors du mouvement. Elle adressa aux âmes compatissantes un appel qui fut entendu. Le 3 mars 1885, la « Société de secours pour les mutilés, estropiés et éclopés » était constituée à Gothembourg. Dès 1894 elle possédait, par dotation, son propre immeuble. On a pu voir par l'Exposition internationale de Stockholm, en 1897, quel usage elle en a fait...

La Société poursuit l'accomplissement de sa mission de deux façons :

1° En assurant à l'estropié, dans une *Polyclinique orthopédique*, des soins et un traitement convenables qui réduiront sa difformité corporelle ou la lui rendront supportable ;

2° En lui enseignant, à l'*Ecole des métiers*, une profession adaptée à sa difformité et à ses dispositions.

∴

L'utilité du traitement orthopédique n'est pas à démontrer. Nul ne conteste qu'une difformité soignée en temps chez un enfant

« peut être améliorée notablement sinon disparaitre complètement » (1). Mais ce traitement est coûteux, et les pauvres sont obligés de s'en priver. La *Polyclinique orthopédique* de la Société intervient alors très heureusement. Elle délivre gratuitement les bandages et tous appareils nécessaires pour guérir ou atténuer la difformité. Deux médecins donnent consultation à la Polyclinique deux fois par semaine. Pendant les sept dernières années la Polyclinique a été visitée par 618 *patients* (enfants et adultes). Les dépenses d'entretien oscillent entre 2400 et 2750 couronnes chaque année, soit 3360 à 3850 francs.

∴

On se doute bien qu'à l'*Ecole des métiers* l'enseignement est fort différent de celui des écoles où fréquentent les valides. Les règles de la pédagogie ordinaire ne trouvent point leur application dans un milieu où les êtres sont si dissemblables du reste des hommes.

1. N'a-t-on pas annoncé, il y a quelques mois, qu'un docteur de province se chargeait de redresser les bossus, même de l'âge adulte? Et une communication à ce sujet ne fut-elle pas lue en séance de l'Académie de médecine ?

Tout l'art du maître qui apprend un métier à l'estropié consiste à développer chez celui-ci le fonctionnement des membres intacts, en tenant compte des aptitudes de l'individu. La nature, le degré, l'époque de l'infirmité sont aussi des éléments d'appréciation du meilleur mode d'apprentissage. Le grand maître ici c'est l'expérience.

Les outils usuels ne peuvent non plus servir dans la majorité des cas. On a dû en faire qui fussent appropriés aux diverses infirmités, et compensant la partie du corps perdue.

Si l'on distingue, entre les défauts corporels ou les maladies diminuant la capacité individuelle, on peut classer les estropiés, mutilés et éclopés en quatre catégories :

Les *difformés de naissance,* par exemple les manchots;

Les *paralytiques* par suite de diphtérie, de scarlatine, d'une affection cérébrale ou d'une maladie de la moelle épinière ;

Les *estropiés par accident;*

Les individus à *faiblesse musculaire générale,* causée par des maladies du système osseux et d'autres.

Doter d'un métier, *dans le plus court délai possible,* tous ces malheureux, tel est le but que doit atteindre le personnel enseignant de l'établissement. Ce personnel est formé d'institutrices pour la surveillance des travaux généraux, et de maîtres-ouvriers pour l'apprentissage des métiers. Les métiers que l'on enseigne de préférence sont, pour les hommes : la menuiserie, le tournage, la sculpture en bois, la confection de brosses, le cannage des chaises, la cordonnerie; pour les femmes : couture à l'aiguille et à la machine, tricotage, ouvrages au crochet, tissage.

Les manchots travaillent avec des outils faits exprès pour eux, et quelquefois ils ont recours à l'emploi d'une main ou d'un bras artificiel.

L'élève-ouvrier reçoit le prix de son travail, après défalcation des frais de fourniture de matériaux (1).

On n'imagine pas l'habileté acquise par un certain nombre de ces infirmes, auxquels il ne reste qu'une main valide, mais qui possèdent leurs jambes intactes. Il y a tels d'entre eux qui, à la machine ou au tour, vont aussi vite en besogne que des ouvriers valides, et gagnent un salaire égal.

Lorsqu'un des éléves montre des aptitudes

1. La Société se charge de la vente des objets ouvrés. Elle supporte la charge des produits qu'elle a payés et qu'elle ne parvient pas à placer dans le public.

pour un métier non enseigné à l'Ecole professionnelle (l'horlogerie, par exemple) la Société ne recule pas devant un sacrifice d'argent et paye un maître-ouvrier de la partie.

Ces élèves, à part quelques exceptions, sont casés chez des industriels par l'intermédiaire de la Société. Celle-ci leur prête même les outils nécessaires à l'exercice de la profession, à condition de les reprendre en cas de décès du bénéficiaire de ce prêt.

Ne voulant et ne pouvant assumer une lourde responsabilité financière, la Société a renoncé à l'internat, beaucoup trop coûteux.

Elle vient en aide cependant aux infirmes qui suivent ses cours, et dont l'état de pauvreté est certain, en leur donnant à dîner (1). Les ouvrages de l'école sont vendus tantôt dans l'établissement, tantôt dans une exposition annuelle qui se tient vers Noël.

Les chiffres suivants donneront une idée de la production de l'école de Gothembourg pendant une période quinquennale. Ils correspondent aux salaires des élèves pendant ce temps :

1. A l'établissement de la Société de secours pour les mutilés et estropiés, à Gothembourg, une salle de bains est à la disposition des élèves.

1892.	2,996	couronnes.
1893.	2,749	—
1894.	2,526	—
1895.	2.967	—
1896.	3,473	—

Un homme peut gagner jusqu'à 345 couronnes par an, et une femme 137 couronnes, ce qui représente respectivement un peu moins de 500 francs et de 200 francs. Ce sont des sommes relativement peu élevées, mais il faut tenir compte de la frugalité des habitants et du bon marché de la vie en ce pays.

Le compte rendu de la Société de Gothembourg nous apprend que, depuis le 3 octobre 1885, date de l'ouverture de l'école, jusqu'au mois de mai 1897, le nombre des estropiés a été de 125, parmi lesquels 22 manchots, dont 5 étaient nés sans avant-bras, et 17 paralytiques incapables de se servir de l'un ou de l'autre bras. Les autres estropiés étaient affectés de difformités plus ou moins graves qui rendaient difficile sinon impossible leur engagement, comme apprentis, dans un atelier ordinaire.

L'enseignement dans ces écoles pour estropiés dure de 9 à 10 mois de l'année (1).

1. Voici un extrait des Statuts de la Société de Gothembourg :

« Conformément aux statuts, l'administration de la

Des sociétés semblables à celle de Gothembourg ont été fondées un peu partout en Scandinavie, à Carlskrona en 1885, à Helsingborg en 1887, à Helsingfors (Finlande) en 1890, à Stockholm en 1891, à Christiania en 1893.

Cette dernière, *Arbeidskole for Vanfore* (Ecole de travail pour les estropiés), est installée un peu trop sommairement, à la vérité,

« Société est entre les mains d'une direction composée « de six personnes, dont trois au moins doivent être « médecins. Parmi eux la direction fait choix d'un pré- « sident et d'un administrateur de la caisse ; de plus « la direction a le droit, en cas de démission d'un de ses « membres, de se compléter.

« A l'assemblée générale, qui doit avoir lieu tous les « ans avant la fin du mois de mars, un rapport de la « direction est fait sur l'activité de l'année passée.

« Ces rapports doivent être imprimés et distribués « entre les membres de la Société.

« Hormis les deux reviseurs élus par la Société, les « membres du Conseil municipal de Gothembourg ont « aussi le droit d'élire deux reviseurs. Après l'examen « des comptes, le rapport sur la revision doit être déli- « vré aux membres du Conseil municipal, lesquels ont « à décider sur la question de décharge de la direction « pour le temps embrassé de la revision.

« La Société se trouve ainsi sous contrôle public, ce « qui contribuera sans doute à augmenter la confiance « en l'activité de la Société ».

dans une maison de *Munkedams Veien*, où l'hygiène ne paraît pas très en honneur.

De l'établissement de Stockholm rien n'est à dire après l'exposé que nous avons fait de l'organisation et du fonctionnement de la Société de Gothembourg, rien, sinon qu'*il ne reçoit aucune subvention de l'Etat ni de la commune*. Cette constatation a son importance.

∴

On ne saurait quitter Stockholm, alors qu'on y est allé étudier les institutions d'assistance privée et, notamment, les œuvres pour les infirmes, sans visiter l'hospice des enfants estropiés fondé en 1879 par la princesse Eugénie et qu'alimentent des dons et des cotisations.

Situé à une courte distance de la ville, à Norrbacka, dans un des sites les plus merveilleux de ce pays, où la nature en est cependant prodigue, cet établissement reçoit, à partir de 2 ans jusqu'à 12 ans, et conserve jusqu'à 18 ans, les petits malheureux infirmes de la Suède.

Les communes de Suède y envoient leurs enfants estropiés contre paiement des frais d'entretien. Sur les 120 lits dont dispose la maison une trentaine sont occupés gratuitement.

Le prix de la pension varie, selon les cas et

la situation de fortune des parents, de 75 à 200 couronnes.

On ne reçoit les enfants que s'ils sont infirmes incurables ou supposés tels. Aussi s'intéresse-t-on fort peu au redressement, à la guérison partielle de ces infirmités. C'est, nous a-t-il semblé, le côté défectueux de l'établissement, qui se trouve ainsi réduit à un « gardiennage » d'enfants boiteux, paralytiques, etc. Mais ce « gardiennage », hâtons-nous de le proclamer, s'effectue dans des conditions exceptionnellement favorables. Les enfants ne jouissent pas simplement d'un air très pur au milieu d'une campagne pittoresque et sauvage : leur *home* est aussi confortable qu'on ose le souhaiter. Les salles bourgeoisement meublées sont d'une fraîcheur de ton reposante et d'une propreté qui ne se peut dépasser. Les dortoirs, de 8 à 12 lits, sont très aérés, coquets, bien tenus.

La maison est dirigée par une dame ayant sous ses ordres 15 domestiques, pour les soins à donner aux enfants, indépendamment des gens de cuisine et du personnel enseignant. Celui-ci se compose d'un instituteur et de deux institutrices. Outre l'instruction primaire les enfants reçoivent des éléments d'enseignement professionnel. Un maître cordonnier, un maître tailleur et une maîtresse couturière leur apprennent le raccommodage et, dans la mesure du possible, un métier.

Très heureux dans cette maison jusqu'à l'âge de 18 ans, que deviennent ensuite ces enfants? Habitués à une vie douce, agréable, n'y a-t-il pas quelque cruauté à les replonger dans le milieu social d'où on les avait tirés ? Les protecteurs de l'institution, hantés par cette pensée, voudraient pouvoir conserver ces petits infirmes toute la vie à *Eugènia hemmet*. C'est à la réalisation de ce projet, complément de l'œuvre première, que tendent présentement leurs efforts.

∴

La Scandinavie professe, pour les idiots et les épileptiques, une sympathie égale à celle qu'elle témoigne aux infirmes, aux estropiés, et que nous avons vu se traduire par des écoles professionnelles curieuses. C'est à la jeunesse, et cela se comprend, que la plupart des établissements créés sont destinés. L'Etat prête un appui pécuniaire assez sérieux aux sociétés privées en allouant chaque année une subvention de 125.000 couronnes, par exemple, pour les établissements recueillant les enfants idiots. Parmi les sociétés entre lesquelles cette somme est répartie nous mentionnerons : l' « Union pour les soins à donner aux enfants idiots et épileptiques », qui possède un pensionnat l' « Asile de femmes idiotes » ; la « Charité muette », qui a un établissement mixte où sont hospitalisés des aveugles, des sourds-muets, des idiots, et *Skolan for sinnessløa barn*, ou école des enfants idiots, dont nous dirons quelques mots.

Cet établissement d'éducation privé a été fondé en 1869 par la « Société protectrice des enfants idiots ». Il a pour but d'élever, de prendre soin des enfants idiots ou dont le développement a été retardé, qui, de quelque façon, sont capables de recevoir une instruction intellectuelle ou professionnelle. L'école est un internat. Elle reçoit des élèves de toute la Suède pour un prix de 480 couronnes (garçons) et 432 couronnes (filles). Mais la plupart des élèves jouissent d'une réduction de 50 0/0 sur ces prix.

En retour de l'allocation de l'Etat la maison doit pourvoir constamment à l'entretien et à l'éducation de 10 élèves et préparer 4 jeunes filles à l'emploi d'institutrices pour enfants idiots (1). Comme il est difficile d'obtenir chez ces êtres au cerveau déprimé un dévelop-

1. A l'école des enfants idiots est annexée une sorte d'école normale d'institutrices pour cet enseignement spécial.

pement intellectuel par l'instruction théorique, on donne surtout dans cette école une instruction pratique. Les garçons finissent par acquérir une assez grande habileté dans le travail des menus objets de bois, de la vannerie, de la cordonnerie et du jardinage; les filles cousent, tissent, tricotent, font du crochet et de la dentelle.

L'école est établie dans un immeuble lui appartenant, au n° 16, Norrtullsgatan. Les salles en sont petites, la hauteur du plafond insuffisante ; par suite les locaux manquent un peu d'air.

A l'école des enfants idiots se rattachent deux asiles pour les enfants qui en sortent L'un, pour les garçons, est situé à *Rickomberga*, près d'Upsal; l'autre, pour les filles, se trouve dans une maison contiguë à *Skolan for sinneslœa barn*. Les garçons se livrent aux travaux se rapportant à l'agriculture, et, en outre, font de la cordonnerie, des outils agricoles, de la sellerie.

L'autre asile : *Arbetshemmet for quinliga idioter*, prend les élèves-filles et les occupe à des ouvrages manuels de confection simple, rideaux, couvertures, serviettes, essuie-mains, etc.

*
* *

A Londres, plusieurs sociétés privées ont

pour unique but de faire apprendre un métier aux enfants infirmes. *National Industrial home for Crippled Boys* reçoit les enfants de 13 à 18 ans. On leur apprend l'un des métiers suivants : tailleur, sellier, menuisier et l'impression en relief. Les élèves sont logés, nourris, habillés, instruits et élevés chrétiennement. L'établissement a place pour 100 enfants, mais, faute de ressources, elle n'en peut recevoir que 89.

Une institution du même genre : *The Cripples' home and industrial school for girls*, existe pour les filles. Celles-ci apprennent à faire des chapeaux, à tresser de la paille, à conduire une machine à coudre.

Chacun des hospices que nous avons mentionnés jusqu'ici a sa clientèle spéciale. Bruxelles nous fournit l'exemple d'un hospice mixte.

Vieillards, aveugles, enfants en bas-âge sont réunis à l'hospice, fondé il y a fort longtemps déjà par la Société philanthropique royale, sur un plateau élevé et salubre, boulevard du Midi, près de la porte de Hal.

Les aveugles entrent à tout âge; les vieillards, hommes et femmes, doivent avoir 60 ans. Le séjour est payant (5 à 600 francs par an) en principe, mais des admissions en assez grand nombre sont prononcées sur recommandation, et le bureau de bienfaisance y envoie une partie de sa clientèle indigente.

Payants et non payants vivent sur un pied d'égalité, en dortoirs communs de 20 à 25 lits.

Les clairvoyants, vieillards fatigués par l'âge ou atteints par les infirmités, servent de compagnie et de guide aux aveugles, ne se doutant guère, sans doute, qu'ils mettent en action la morale de l'*Aveugle* et du *Paralytique*.

Aucun médecin ne demeure à l'établissement. Il en vient un deux fois par semaine.

La maison a pour directrice et pour femmes de service des laïques.

La prière est dite régulièrement dans les dortoirs, et une chapelle existe dans la maison. Toutefois, les pensionnaires ne sont pas tenus d'assister aux offices religieux, et leur liberté de conscience reste entière.

CHAPITRE XI

HOSPITALISATION DES VIEILLARDS

Des conditions diverses d'admission dans les hospices. — Droit d'entrée, pension annuelle. — Maisons de retraite pour les différentes classes de la société. — Lamentable tenue de certains hospices privés de Belgique. — Les asiles pour vieillards de La Haye et d'Amsterdam. — Un mode curieux d'hospitalisation particulier à la Hollande : le *hofje*.

L'hospitalisation des vieillards et des incurables est une des formes d'assistance pratiquées volontiers par les administrations locales de presque tous les pays. Elle est plus ou moins large, généreuse, bien ou mal comprise, mais on la retrouve partout. Quelques pays ont bien la tendance, depuis plusieurs années de substituer au régime de l'hospitalisation celui de l'assistance à domicile, par allocations mensuelles constituant en quelque sorte des pensions de retraite, mais ce n'est là qu'une tendance.

On doit poser, en règle générale, que l'assistance est offerte aux vieillards et aux malades incurables dans des établissements.

Quelques efforts que fassent les autorités locales pour secourir cette catégorie de malheureux, il reste encore beaucoup de ceux-ci aux portes des hospices. Les budgets ne sont pas extensibles à merci. Les contribuables qui les alimentent ne souffrent pas que leur cote s'enfle démesurément, si charitable que soit le prétexte de cette augmentation. Aussi la charité privée a-t-elle encore là un vaste champ où se peut exercer son action. Envers elle le contribuable est moins intraitable. Tel qui, à l'annonce d'un nouveau demi-centime additionnel, jurerait la perte du gouvernement et vouerait aux dieux infernaux les fonctionnaires chargés de le représenter, mettra un louis dans 'aumônière d'une quêteuse ou souscrira pour plus encore à quelque œuvre nouvelle de bienfaisance. Qu'on se s'étonne donc pas si, à côté des hospices publics, vivent des hospices privés, en grand nombre.

Entrer dans les détails d'organisation de tous ceux que nous avons visités serait une tâche qui, fastidieuse pour nous, serait sans charme aucun pour le lecteur. Nous y renonçons, plus encore pour la seconde de ces raisons que pour la première. Mais nous croyons bon de dégager la caractéristique de ces établissements, d'en noter ici, au hasard de la route, les traits essentiels d'organisation et de fonctionnement.

∴

Tout d'abord remarquons qu'à de rares exceptions près les vieillards et incurables ne sont admis dans ces hospices privés que moyennant le versement d'un droit d'entrée et, dans un petit nombre d'établissements, que contre le paiement d'une pension annuelle. Ce dernier système est en honneur, par exemple, en Hollande (1). A l'hospice des vieillards de l'Eglise réformée de La Haye la pension, renouvelable chaque année, est de 130 à 150 florins. Il est vrai de dire que cet établissement est un de ceux où les admissions gratuites surpassent les payantes.

Mais le paiement d'une taxe d'admission

1. Amsterdam renferme 33 hospices de vieillards : 2 communaux, 25 religieux et 6 privés. Dans ce nombre ne sont pas compris les établissements mixtes (orphelinats et hospice). On en compte 4.

entraînant le droit à l'hospitalisation indéfinie est plus communément en usage. Le montant de ce droit varie, cela va sans dire, d'un pays à un autre, et même, dans une même ville, d'établissement à établissement. Il est de 700 marks (875 fr.) à l'hospice mixte du Saint-Esprit à Hambourg, de 600 marks à l'hospice mixte : *Gast und Kraukenhaus*, de la même ville...

Parfois le droit à l'hospitalisation prend une tout autre forme. C'est ainsi qu'en Suède, à l'asile des incurables de Stockholm, on *achète* un lit pour 5000 couronnes. Le propriétaire en peut faire profiter une personne de son choix jusqu'au jour où il lui plaît d'en disposer pour lui-même. Cette forme constitue, croyons-nous, une exception.

La gratuité même comporte des détails différentiels d'application. Elle peut être *absolue*, comme à l'hospice catholique Saint-Jacob (Amsterdam), à l'asile de la communauté israélite allemande (Hambourg) ; ou *restrictive* comme à l'hospice Janch de Hambourg, où l'habitation et le *repas de midi* seulement sont gratuits pour les hommes sans famille appartenant à la classe ouvrière et n'ayant qu'une capacité de travail limitée ; ou *conditionnelle :* c'est ainsi que la Fondation Anna (à Hambourg) accorde l'hospitalisation gratuite à des époux et à des veuves appartenant à la classe des artisans mais pouvant prouver qu'*ils possèdent un revenu de 300 marks par an.*

Enfin, dans certaines maisons de retraite où l'admission est prononcée sans versement de droit d'entrée ou de pension, l'hospitalisé reçoit un secours hebdomadaire ou mensuel pour ses besoins journaliers. Il existe en Norvège, à Christiania, une fondation de ce genre. Elle provient du legs d'un capitaine de navire en faveur de *dames de la bonne société* sans famille ni fortune. Les personnes acceptées ont à leur disposition un petit logement composé de deux chambres, chauffées, éclairées, mais elles doivent se nourrir au moyen d'une indemnité de 30 couronnes par mois qui leur est allouée (1).

A l'Hospice Hiobs de Hambourg, où 143 femmes âgées de plus de 60 ans sont hospitalisées, un secours pécuniaire leur est accordé.

A Christiania (Norvège), à l'Hospice *Fattighus sanghankens*, les pauvres reçoivent le

1. Le règlement de la maison ne prévoit pas de limite d'âge pour la réception. Il suffit d'être « vieille ». Les postulantes agréées sont admises d'après leur rang d'inscription. Il a 100 chambres, soit 50 places.

gîte, la nourriture et, par extraordinaire, des secours.

Des hospices se sont aussi fondés pour des classes spéciales de la société.

A Londres, la pl upart des corporations de la cité possèdent, avec un orphelinat, un hospice. Tailleurs, maçons, directeurs de monts-de-piété, etc., ont un asile pour les vieillards de chacune de ces professions.

En Allemagne il y a de ces établissements créés pour les personnes de la « bonne société ». *Freimaürer kran-henkaus*, à Hambourg, est une maison de retraite de ce genre. Fondée par un riche baron pour des dames de la bourgeoisie, elle est administrée par la commune. Un droit d'admission de 500 marks est perçu. Aucune condition d'âge n'est exigée. L'établissement est admirablement situé au milieu d'un parc qui rappelle le Bois de Bouogne.

Des fondations particulières analogues ont permis la création d'hospices pour la « vieillesse honnête », à Elberfeld. On y admet des hommes et des femmes, mariés, célibataires, veufs ou veuves, ayant 60 ans d'âge.

L'administration est entre les mains de fonctionnaires désignés par le Conseil municipal.

Stockholm possède un asile spécial pour les

bourgeois âgés et un autre pour les veuves de bourgeois. Il existe également une maison de retraite, due à l'initiative privée, pour les vieilles servantes qui ont été longtemps en service.

∴

Si l'on excepte un petit nombre de maisons de retraite où l'on entre à tout âge, l'admission dans les hospices n'est prononcée qu'en faveur des postulants ayant au moins 60 ans, sans considération de sexe.

∴

Que vaut l'hospitalisation offerte par les institutions privées ? Assurément on ne saurait prétendre tirer de quelques exemples isolés des principes généraux. Il est pourtant conforme à la vérité de constater, ce qui ne manque pas d'un certain piquant, que les mieux tenus de ces hospices ne sont pas toujours ceux... où l'on paie. Ce n'est point non plus parler à la légère que dire de la généralité de ces hospices qu'ils laissent à désirer tant au point de vue des soins, du régime intérieur que de la salubrité.

Et cependant, dans nombre d'entre eux, les autorités locales envoient tout ou partie de la population indigente dont l'entretien leur incombe. La plupart des communes de Belgique agissent ainsi. Nous avons visité à Gand l'un de ces hospices privés dont la clientèle est formée pour moitié d'incurables secourus par l'administration communale. C'est, en vérité, grand pitié de voir dans quelles conditions ces malheureux sont hospitalisés. La vieille bâtisse qui les abrite date du XVIe siècle. Branlante comme un château de cartes elle appelle la pioche du démolisseur. On ne continue pas moins d'y parquer de pauvres gens infirmes dans des salles sombres, au plafond bas, aux murs humides. Un dortoir est au rez-de-chaussée, de plain-pied. Au troisième étage, dans des soupentes où les poutres s'entrecroisent, des enfants frappés d'un mal incurable vivent avec de petits idiots abandonnés à eux-mêmes, assis du matin au soir sur leur chaise percée et mangeant à discrétion, ce qu'ils veulent, sans arrêt, semblables à d'immondes animaux.

Spectacle répugnant et attristant que le dévouement des religieuses hospitalières ne parvient malheureusement pas à atténuer.

∴

Par contre on ne saurait méconnaître les efforts faits par certains hospices de Hollande pour assurer un bien-être relatif aux vieillards recueillis. L'hospice des vieillards de l'Eglise réformée de La Haye et l'hospice catholique Saint-Jacob à Amsterdam fournissent la preuve de ces efforts et de ces bonnes volontés.

Dans ces deux établissements on réclame, il est vrai, des hospitalisés une production de travail quotidienne, mais la tâche n'est jamais très absorbante ou fatigante. Elle consiste en menues besognes du service intérieur de la maison (à La Haye) ou (à Amsterdam) en travaux ressortissant à la profession autrefois exercée par le vieillard.

A La Haye, les ménages habitent dans un corps de bâtiment séparé des autres (1). Les hospitalisés disposent d'un salon de conversation, sortent trois fois par semaine tout le jour, à condition de rentrer pour le repas du soir.

Les couples ont une chambre avec alcôve coquettement meublée. Le mari et la femme prennent leurs repas ensemble dans un réfectoire spécial. Les dortoirs des gens non mariés sont vastes, et l'on serait tenté de leur reprocher leur excessive aération.

1. Dans cet hospice, comme dans presque tous les autres, l'âge minimum d'admission est 60 ans. Cette limite d'âge est fréquemment abaissée pour les femmes.

Un riant jardin permet les promenades aux jours de beau temps.

Il est fait défense absolue aux hospitalisés de travailler en ville.

Nous ne reviendrons pas sur les observations que nous avons formulées ailleurs relativement à l'installation de l'hospice St-Jacob d'Amsterdam (1). Voici seulement quelques renseignements de nature, croyons-nous, à intéresser :

Le nombre des admissions s'élève à 65 ou 70 par an, pour 90 demandes. Le temps d'attente avant l'admission est, en moyenne, de deux mois (2).

L'asile, en 1896, contenait 390 personnes. Le coût moyen de chacune, par an, est de 130 florins 33 cents, soit 35 3/4 cents hollandais par jour, ce qui équivaut à 74 centimes français.

L'établissement n'accepte que les personnes non mariées ou veuves, ayant au moins 64 ans. Les dortoirs sont de 16 lits. Chaque lit est entouré de rideaux de tous côtés qui forment une cabine isolée.

1. L'Eglise catholique — qui est beaucoup plus riche que la protestante en Hollande — fait construire en ce moment un second hospice encore plus vaste, à Amsterdam.

2. Cette attente pour d'autres hospices entretenus par les églises dure parfois deux années.

Les hospitalisés valides travaillent pour la maison, qui se dispense, de ce fait, d'acheter des chaussures et des vêtements.

Le régime est le suivant : à six heures, au lever, café et tartine de pain noir; à 11 h. 1/2, légumes, gruau, eau. Trois fois par semaine, de la viande. Le vendredi, du poisson. A titre de récompense on donne de la bière à ceux qui ont été d'une conduite irréprochable. Autorisation de sortir est accordée, sur demande, le mardi, de 9 heures à 6 heures.

Les vieillards (hommes) disposent d'un fumoir où ils peuvent jouer et lire les journaux.

∴

L'hospice *Zum Heiligen geist* à Hambourg, pour veuves ou célibataires ayant plus de 60 ans et de religion luthérienne, a l'aspect d'une église. Les chambres cloisonnées jusqu'à mi-hauteur du plafond ressemblent à des armoires-placards. Le jour y pénètre à peine. La place d'honneur est prise par l'église.

Hambourg, riche en établissements d'assistance de tout genre, compte d'ailleurs un nombre important d'hospices et d'hôpitaux.

Un mode d'hospitalisation curieuse et tout à fait particulière à la Hollande : le *hofje*, appelle quelques observations et renseignements. Le but de cette institution charitable est toujours et sans aucune réserve de procurer des demeures gratuites. Généralement ce sont des vieillards qu'on loge à l'*hofje*. Des exceptions se présentent, qui confirment la règle.

Les *hofjes* sont des appartements séparés mis à la disposition des pauvres. Jamais plus d'une famille n'habite le même appartement. C'est le caractère spécial des *hofjes*, très différent, comme on le voit, des hospices et asiles où des individus qui s'ignorent, qui n'ont pas de liens, vivent en commun. Pour les *hofjes*, c'est tout le contraire. Chacun est chez soi. On n'est pas obligé d'entrer en relations avec ses co-assistés ; l'habitant de l'*hofje* jouit d une entière indépendance. Les *hofjes* ne forment cependant pas des pavillons séparés : ce sont des maisons ordinaires bâties à côté les unes des autres, et divisées en appartements de chacun une ou deux chambres.

Généralement le secours accordé aux locataires des *hofjes* consiste dans le logement gratuit et dans une très faible allocation en argent ou une distribution de combustible (tourbe ou charbon) *pendant l'hiver* seulement. Les personnes ainsi assistées doivent par conséquent pourvoir à leurs propres besoins. Comme ce sont, dans la majorité des cas, des vieillards, le travail auquel ils se livrent à cet effet se borne à rendre de petits services dominicaux dans les familles charitables.

Les personnes qui profitent de cette institution ne sont pas tout à fait des pauvres. On les choisit parmi les anciens serviteurs, les vieilles domestiques, parmi les ouvriers ou employés qui, après une vie de labeur, sont jugés dignes d'une retraite calme et sûre pour le temps qui leur reste à vivre, — mais une retraite *indépendante*. Il en coûte toujours d'aliéner sa liberté, de se soumettre à la discipline, quelle qu'elle soit, d'un établissement hospitalier.

L'*hofje*, par contre, est très recherché, très désiré, précisément à cause de la liberté qu'on y conserve.

L'habitant de l'*hofje* fait son ménage, ne change pas sa manière de vivre. En Hollande, où le sentiment de la liberté individuelle est extrêmement vivace, l'institution des *hofjes* a pris une grande extension. Il n'en pouvait être autrement.

Les pauvres préfèrent de beaucoup le *hofje*,

où ils restent libres, à l'asile, à l'hospice, où pourtant ils sont logés, nourris, vêtus, sans avoir à se soucier du lendemain. Les *hofjes* ne sont pas soumis à une réglementation uniforme. Ils ont cependant quelque chose de commun : leur origine. Tous sont érigés et entretenus par des personnes charitables qui, soit de leur vivant, soit par testament, ont fourni le capital nécessaire pour construire et entretenir *éternellement* un *hofje*. La plupart de ceux-ci sont très vieux. A Amsterdam il en existe qui datent de 1683, 1695, 1648, 1670, 1675, 1650...

Ces *hofjes* renferment 30, 40, quelquefois même plus de 100 logements. La maison contient en moyenne deux logements; c'est la réunion de ces maisons qui constitue le *hofje*.

Pour être admis on doit habiter la ville, avoir 50 ans au moins, mener une vie sans reproche, ne pas avoir à sa charge des enfants, justifier d'un revenu minimum de 2 ou 3 florins par semaine, soit par le travail, soit par la charité d'autrui.

Un richissime négociant d'Amsterdam a fondé en cette ville, en 1895, un *hofje* qui groupe sept maisons abritant 56 familles. Il faut avoir habité la ville pendant un certain nombre d'années pour y être admis.

Il n'y a pas que des vieillards dans cet *hofje.*

De jeunes veuves ayant à leur charge des enfants en bas âge, des ménages dont le mari est incapable de faire un travail utile par suite d'infirmités y reçoivent asile.

Toutefois les vieillards ont la préférence.

Il est superflu de dire que tous ces *hofjes* sont occupés, et que le nombre des demandes d'admission est considérable.

CHAPITRE XII

ASILES, REFUGES DE NUIT

Les sans-logis.— Asiles de nuit dans les différents pays. — Un bouge philanthropique à Amsterdam : le *Foevlucht voor Onbehuisden;* aspect déplorable des réfectoires et des dortoirs. — Une misère navrante. — Les refuges en Belgique. — Leur fermeture en été faute de clients. — Travaux d'été de leurs clientes d'hiver. — Régime des refuges; soins de propreté. — La maison des servantes à Bruxelles. — Conditions de séjour. — Rôle accessoire de ces refuges : lieu de halte et de repos pour les servantes surmenées. — Refuge catholique de La Haye, à 2 classes de pensionnaires.

La misère a ses degrés. Le malheureux dénué de ressources au point de ne pouvoir acheter du pain est certes à plaindre, et le spectacle de sa misère est affligeant pour l'humanité. Un morceau de pain ne se refuse pas; il n'en est pas de même d'un logis. Le pauvre qui a tout épuisé, argent, crédit, et qu'un propriétaire, un hôtelier met à la porte, sur le pavé, en quelle situation terrible n'est-il pas? N'en avez-vous jamais rencontré de ces pauvres gens sans domicile déambulant nuit et jour à travers les rues d'une ville et ne s'arrêtant qu'épuisés de fatigue, dans l'impossibilité d'aller plus loin, guettés par la police qui les étiquettera « vagabonds » pour la Correctionnelle ? Parfois l'homme est suivi d'une femme et d'enfants. Comme autant de Juifs-Errants tous les membres de la famille vont, vont... Où coucheront-ils? Sous le porche d'une église ou de quelque maison particulière dans un quartier désert où le sergent de ville, la nuit surtout, rarement se promène, à moins qu'ils aient la chance d'apercevoir en chemin un asile de nuit.... Alors c'est le salut, un toit tout au moins pour quelques jours.

Assurer un refuge momentané à toute créature humaine, qui n'en a pas quelle que soit la raison de son infortune, telle est l'œuvre de l'asile de nuit. On la peut critiquer en disant qu'elle favorise une classe peu intéressante d'individus. « Qu'importe, si elle fait un peu de bien » ! disent les libéraux de la philanthropie.

Malgré l'évidence des besoins auxquels elle répond, l'institution des asiles de nuit n'a pas pris une extension considérable. En plusieurs villes de l'étranger des refuges fonctionnent, payés par les municipalités. Ils ne méritent pas de servir de modèle. Les asiles privés, en nombre à peu près égal aux asiles publics, ne sont pas mieux installés.

Presque toutes les villes importantes d'Allemagne possèdent des asiles de nuit fondés par des sociétés particulières ; à Londres il y a pour hommes, femmes et enfants un asile : *Providence (Row) night Refuge and home for destitute men, women and children*, où couchent chaque soir près de 300 personnes.

A Christiania un asile privé : *Fattighus Sanghankens*, s'efforce de procurer du travail aux personnes en chômage et leur offre un refuge temporaire. Par extraordinaire l'établissement alloue des secours.

Un autre asile semblable étend son action parallèlement à l'œuvre précédente.

Deux asiles de nuit dus à l'initiative privée abritent, à Stockholm, l'un les femmes, l'autre les hommes qui sont sans logis.

La Belgique et la Hollande possèdent aussi, en petit nombre, de ces établissements. Certaines communes ne paraissent pas en souhaiter le développement, leur attribuant pour partie le mouvement d'émigration des ouvriers de la campagne vers les villes. Ne sont-ce pas des craintes exagérées?

Ce n'est pas la tenue des asiles privés hollandais qui attirera les malheureux de ce pays comme le miroir les alouettes! Si vous avez l'estomac solide et quelque courage, entrez à Amsterdam, dans *Zwanenburgerstraat*, au *Foevlucht voor Onbehuisden* (l'asile pour les sans-toit). La visite terminée vous me direz si la perspective de passer quelques jours dans cet antre infect est susceptible de pousser les pauvres de la campagne vers Amsterdam!

Les cabarets borgnes de Paris, ceux des Halles ou de la place Maubert, le Château-Rouge, le Père Lunette, où dorment pour deux sous, sur un banc de l'établissement, des individus saturés d'alcool, ne sont pas un plus répugnant spectacle que celui que présente chaque soir le *Foevlucht voor Onbehuisden* de la riche cité hollandaise.

Lorsque ayant versé les 10 cents qui vous donnent droit au gîte, auxquels s'ajoutent, pour les affamés ayant encore la poche un peu garnie, dix autres cents, valeur d'un repas, vous pénétrez dans la salle à manger, l'horreur commence à vous saisir. Dans une demi-obscurité, des êtres aux vêtements sordides, à la mine rendue plus ravagée par la lumière blafarde qui les éclaire, mangent avidement on ne sait quelle soupe... L'air est empesté. En hâte vous sortez. Les convives filent au dortoir.

Ah ! ce dortoir, quel tableau présentera-t-il dans quelques instants, et quelle puante odeur s'en dégagera ! Les privilégiés, ceux qui ont payé 10 cents, sont dans un couloir divisé en chambrettes par des cloisons à mi-hauteur. Ces chambrettes sont des palais comparés à la salle commune où, sur des matelas, à terre, ignobles de saleté, car aucuns soins de propreté ne sont obligatoires, des êtres humains sont étendus, et dorment (1).

Comme je redescendais de ce lieu immonde je croisai dans la cour une femme que suivait son mari portant sur les épaules un enfant de trois ans ! C'était un ménage qui, pour 1 florin 50 par tête et par semaine, logeait et prenait son premier déjeuner (café et pain) à l'asile depuis quelques jours déjà, le père gagnant trop peu pour prendre un meilleur logement. Tous, époux, femme, enfant, s'en allèrent dans une même salle, l'établissement n'ayant point de chambres séparées pour les sexes, et, pour

1. La gratuité est accordée quelquefois aux malheureux, mais elle entraîne pour ceux qui en bénéficient l'obligation de travailler à l'entretien de la maison.

la première fois depuis le début de mon voyage, je sentis mon cœur se serrer, mes yeux se mouiller de larmes...

En vérité, plutôt qu'une pareille hospitalité, ne vaudrait-il pas mieux le pavé des rues... ou le séjour reposant de l'*Armstel* (1) ?

*
* *

Les refuges belges ne sont pas luxueux, à peine sont-ils confortables, mais ils sont propres et l'on sent qu'une direction familiale y règle tout.

Ils sont fermés du 1er avril au 1er octobre. Dans les premiers temps qu'ils fonctionnaient on les laissait ouverts jusqu'à la fin de juin. Personne n'y venait à cette époque. Dès que cessent les froids, la population de ces établissements diminue ; elle tombe à 2 ou 3 personnes par nuit quand arrive le dernier mois (2). La directrice d'un asile de Bruxelles pour femmes et enfants (les enfants jusqu'à 9 ans y sont

1. On m'a affirmé qu'un certain nombre d'individus paient leur logis à l'Asile en attendant leur hospitalisation à l' « Armenhuis » (maison communale des pauvres). L'antichambre, en ce cas, serait digne de l'établissement.

2. Les mois pendant lesquels la population de l'asile atteint son maximum sont décembre et janvier.

reçus avec leur mère) m'expliquait les causes de cette désertion de l'asile de nuit les beaux jours venus.

« Les kermesses », me disait cette dame, « durent tout l'été. Celles de nos clientes qui « sont jeunes trouvent facilement à s'y em- « ployer. Elles tiennent des baraques, tirs, « jeux de massacres ou s'engagent dans les « troupes de comédiens !... Aussitôt arrivés en « notre ville les forains accourent à l'asile et « engagent les sujets qui leur plaisent. Ils en « sont toujours satisfaits. Les vieilles vont « travailler aux champs jusqu'en France. »

L'accès de ces asiles-refuges est sans formalités. Qui veut entrer est interrogé sur ses nom, prénom, âge, profession, lieu de naissance, dernier domicile. Une simple déclaration suffit, elle n'est suivie d'aucune enquête. Sans distinction de nationalité ni de religion les malheureux sont admis. En général le règlement de l'établissement limite à 4 nuits par mois le séjour de droit. Dans la pratique ce règlement n'est pas observé à la lettre. Le délai est prolongé chaque fois que la situation de celui qui sollicite cette faveur paraît digne d'intérêt (1).

1. Il y avait à l'asile de femmes de Bruxelles, au moment où nous le visitâmes, une vieille de 84 ans qui

Le nombre des lits est suffisant pour qu'on ne refuse jamais qui frappe à la porte.

L'ouverture des portes a lieu à 5 heures. Cependant, en hiver, lorsque le froid est vif, on laisse entrer avant cette heure. Un médecin assiste aux formalités d'admission. Il se contente de demander aux hospitalisés s'ils sont malades. Il n'y a pas de visite obligatoire. De la salle d'attente on passe au lavoir où les nouvelles arrivantes prennent un bain de pieds.

Les personnes paraissant trop sales sont douchées et leurs vêtements désinfectés dans un four à gaz. Cette mesure s'applique seulement aux personnes dont les effets sont d'une malpropreté facile à constater (1). Souliers ou sabots sont déposés au rez-de-chaussée. On ne monte dans les dortoirs qu'avec des pantoufles de l'établissement.

A 7 heures et demie le souper est servi : il se compose d'une soupe abondante et d'une demi-livre de pain. Après quoi on se couche.

était là depuis le commencement de la saison. La directrice, une bonne femme très simple, ignorante des rigueurs administratives, avouait n'avoir pas eu « le cœur de la renvoyer ».

1. Immédiatement après la désinfection ces habillements sont remis à leurs propriétaires qui les revêtent.

A l'asile pour femmes il y a 4 salles contenant ensemble 42 grands lits, plus 6 de fillettes et 6 berceaux.

Matelas et oreillers sont en paille, sauf ceux des berceaux.

Il est expressément défendu de causer pendant la nuit dans les dortoirs, et quoique aucune surveillance sérieuse y soit exercée on n'y signale jamais ni troubles ni incidents.

Le matin on sert aux adultes du café au lait et une demi-livre de pain ; aux enfants, de la panade et du lait.

L'installation est aussi économique que possible. Les murs des salles sont blanchis à la chaux, le réfectoire est dallé. Les draps de lit sont lavés à la lessiveuse et essorés à la main, dans l'établissement.

Liège, Anvers, Louvain, Gand, Verviers ont des asiles semblables à ceux de Bruxelles.

∴

Dans les diverses branches de l'activité humaine, commerce, industrie, beaux-arts, tout se spécialise.

L'assistance subit la loi générale. On fait des catégories de malheureux, on crée pour chacune d'elles des œuvres spéciales. L'étude des ormes d'assistance aux vieillards révèle cette tendance. Pour les asiles de nuit il était naturel que les philanthropes tentassent de sélectionner les éléments qui s'y confondent.

A Bruxelles on l'a essayé pour les servantes. Annexée à la Bourse du travail pour femmes, la maison des servantes (1) (à Bruxelles, rue des Chartreux, 30), créée sous le patronage de cette institution et de l'Hospitalité de nuit, reçoit les jeunes filles et les femmes sans place. S'inspirant de ce que fait une œuvre similaire suisse depuis plusieurs années, l'administration de cet asile a obtenu du ministre des Chemins de fer l'affichage dans les gares d'un avis rédigé en flamand et en français, signalant l'existence de la maison des servantes et la recommandant aux femmes qui cherchent à se placer dans la capitale. Ces tableaux indiquent les moyens de s'y rendre sans passer par l'intermédiaire d'agents d'une honorabilité souvent douteuse.

Les servantes sont admises à quelque nationalité, à quelque religion qu'elles appartiennent, sous la seule condition d'observer les mesures

1. L'œuvre est encouragée par la municipalité bruxelloise, qui lui prête gratuitement une maison de la ville.

prescrites par le règlement, relatives à la morale, à l'ordre et à la propreté.

La durée du séjour à l'asile ne doit pas *excéder 15 jours*, à moins d'une autorisation spéciale délivrée par le bureau du Comité de l'Œuvre. Cette prolongation ne dépasse pas 15 jours.

Les servantes sans place ne peuvent se présenter dans la maison que quatre fois par an au maximum. Pour être admises (1) les servantes doivent être âgées d'au moins 15 ans, présenter un certificat de bonne conduite émanant de la dernière maison où elles étaient placées (2).

Toute femme présentant des signes de maladie est rigoureusement refusée ; il en est de même pour celles en état d'ébriété, de grossesse, de malpropreté ou pour les filles reconnues vicieuses.

Le prix de la pension est fixé à 1 franc par jour. Les femmes sont tenues d'entretenir les dortoirs, de faire les gros ouvrages de la maison. Lorsqu'elles sont employées à d'autres

1. L'admission est prononcée toute la journée, de 9 h. du matin à 9 h. du soir.

2. La jeune fille qui n'a pas encore été en service doit avoir un certificat de moralité du bourgmestre de sa commune d'origine.

travaux on les rétribue à raison de 15 centimes l'heure.

Plus d'une malheureuse servante arrive à l'asile sans avoir de quoi payer la pension. Trente à trente-cinq pour cent des femmes qui se présentent sont dans ce cas. On ne les refuse pas pour ce motif. Mais on leur fait promettre de rembourser leurs dépenses de l'asile quand elles seront placées. La majorité des servantes qui prennent cet engagement le tiennent. Celles qui ne s'acquittent pas de leurs dettes ne sont pas poursuivies; la porte de l'établissement leur est fermée dans l'avenir.

Les dortoirs ont 14 lits. En face de chaque lit est une petite toilette. Le lever et le coucher sont fixés comme suit : en été, lever à 6 heures, coucher à 9 h. 1/2; en hiver, lever à 7 heures, coucher à 9 h. 1/2. Les pensionnaires font quatre repas : à 7 heures, midi, 4 heures et 8 heures le soir (1). Elles ne sont autorisées ni à recevoir des visites ni à sortir après le souper. Elles sont libres d'aller au dehors cher-

1. Les repas sont ainsi composés : au *petit déjeuner*, un demi-litre de café au lait et tartines à discrétion; à *midi*, potage, 250 grammes de viande, un demi-litre de bière, légumes, pain à discrétion; au *goûter*, café et tartines; au *souper*, potage, légumes, pain à discrétion.

cher une place, mais il faut qu'elles rentrent pour les repas de midi et du soir.

Les personnes qui désirent des servantes peuvent s'adresser tous les jours de la semaine, les dimanches et jours de fête exceptés, de 9 heures du matin à midi, et de 1 heure 1/2 à 4 heures, à la « Bourse du Travail pour femmes », au même local.

La maison des servantes est, pour beaucoup d'entre elles, un lieu de repos après le surmenage : elles y prennent des forces et y mettent en ordre leurs affaires, linge, vêtements qu'elles n'ont pas eu le temps de raccommoder étant en service.

∴

Un refuge qui ressemble à celui de Bruxelles a été inauguré, il n'y a pas longtemps, en Hollande (1). Il est installé dans un bâtiment de l'orphelinat catholique de La Haye (*Schefhaan Hovuis stichting*). Quoique l'œuvre ne s'adresse qu'aux jeunes filles et femmes *catholiques* momentanément sans emploi — exclusivisme regrettable — elle est intéressante, rend

1. Nous avons appris qu'il en existe un second, en la même ville, administré par une Société privée et neutre, au point de vue confessionnel.

des services et vaut qu'on la loue. La durée de séjour n'y est point limitée. L'établissement, très bien tenu, se divise en deux parties : dans l'une sont les pensionnaires de 1re classe ; dans l'autre logent celles de 2e classe. Les premières paient 1 florin par jour. Elles ont, pour ce prix, une grande chambre coquettement meublée, et la nourriture. Les pensionnaires de 2e classe ont, dans un dortoir commun, des chambres disposées en loges et séparées les unes des autres par des cloisons légères.

CHAPITRE XIII

LES RESTAURANTS POPULAIRES

But : nourriture à bon marché et tempérance. — Auberges, hôtelleries de marins. — Hôtelleries de refuge en Allemagne : leur caractère religieux, leur régime, leurs tarifs du coucher, des aliments et des boissons. — Une lacune : le placement des sans-travail. — Estaminets populaires à Stockholm, destinés à combattre l'alcoolisme : leur inefficacité. — Une idée de M. de Quéker : les cuisines ambulantes. — Le réfectoire économique de la Société coopérative les *Ateliers réunis* de Bruxelles : tableau de la clientèle de cet établissement. — Chalets-restaurants pour les cochers de Londres : 3500 *cabmen* y trouvent chaque jour un abri.

∴

La philanthropie, comme la politique, a ses réactionnaires, ses modérés et ses radicaux. Les uns ont peur de toutes les réformes, les autres ne les conçoivent que par lente application, par expériences nombreuses avant réalisation définitive ; les autres vont d'un coup à l'extrême limite du champ des conséquences qui découlent d'un principe.

Les modérés de la charité privée tiennent qu'il faut s'accommoder des institutions que l'on a jusqu'au moment où une occasion favorable se présentera de les modifier. Ainsi, tandis que les radicaux s'attachent à la poursuite d'un idéal, les modérés vont au plus pressé, cherchant à diminuer sur l'heure même la somme des misères humaines.

∴

Au nombre des œuvres que les seconds ont jugé dignes de leurs soins, les réfectoires populaires ne sont pas les moins intéressantes ni les moins importantes. Puisqu'il est admis que dans la plupart des ménages le mari et la femme, pour joindre les deux bouts, sont obligés de travailler tous les deux ; qu'ils n'ont que peu de temps pour préparer leurs repas et qu'en tout cas la nourriture est chère, que ne met-on à leur portée, dans des conditions d'extrême bon marché, une cuisine saine et propre ? Que n'attire-t-on les ouvriers dans des restaurants où ils pourront consommer à bon compte d'excellents aliments et où l'alcoolisme qui les guette ne pourra venir les tenter ?

Procurer à bas prix des aliments sains et nourrissants, lutter contre l'alcoolisme, telle fut bien la double préoccupation qui hanta le cerveau des philanthropes lorsqu'ils ouvrirent des restaurants populaires.

Que ces derniers n'aient pas trompé cette attente, nous n'en jurerions pas. Nous devons cependant noter quelques-uns des établissements de ce genre qui existent dans les pays que nous avons traversés.

Quelques villes d'Allemagne possèdent de ces restaurants pour la classe ouvrière. Les aliments sont vendus presque au prix coûtant. Cologne en possède deux grâce à l'initiative privée. Dans les villes maritimes il n'est pas rare de rencontrer des auberges-hôtelleries pour les gens de mer. Quelques-unes sont subventionnées par la municipalité du lieu. Elles rendent des services aux matelots en leur procurant un abri et des repas convenables, à prix réduits, pendant leur séjour à terre. On connaît les habitudes des marins ; quand ils débarquent après un long voyage, la poche bien garnie, un prurit d'orgie les pousse aux pires folies, et ils ont tôt fait de dépenser leur pécule. A l'hôtel-restaurant populaire spécialement ouvert pour eux, ils n'en ont pas l'occasion. Tout au contraire ils peuvent, en vivant là, réaliser quelques économies. Nos représentants à l'étranger se font un devoir d'enseigner ces établissements à nos marins. Un de nos nationaux se présente-t-il au Consulat français venant de cesser son service sur un bâtiment, on lui conseille de déposer, contre reçu, son magot dans les mains de notre agent et d'aller prendre pension au restaurant populaire. Le matelot hésite un peu, puis persuadé par notre agent consulaire il finit par remettre son argent, ne garde qu'une faible somme avec laquelle il vivra encore très bien à la maison des matelots... et il épargne ainsi, pour le retrouver au moment de son départ, le meilleur de son gain d'une ou de plusieurs saisons. Nous avons vu agir de cette façon au consulat général de Hambourg notamment, et nous félicitons le jeune secrétaire du consulat de la patience et de l'habileté que nous lui avons vu déployer en la circonstance.

∴

Ces restaurants de marins sont des établissements spéciaux ne s'adressant qu'à une catégorie, qu'à une corporation d'ouvriers. L'Allemagne possède des établissements de même nature, mais plus largement ouverts, où tout ouvrier pauvre, à quelque profession qu'il appartienne, est certain d'obtenir bons repas et bon gîte : ce sont les *auberges ouvrières*.

Il y a plus de quarante ans qu'on s'avisa d'ouvrir à Bonn une « hôtellerie de refuge » (*Herbergen zür Heimath*), dans le but d'assurer à très bon compte, aux artisans voyageant pour trouver du travail, une auberge proprette où ils n'auraient pas à redouter le contact de gens de mauvaise vie.

L'œuvre, d'essence chrétienne, ne s'inquiétait pas uniquement des besoins matériels : elle offrait ses conseils. Des auberges semblables s'installèrent un peu partout. Il y en a, présentement, quatre cent dix.

Elles ont été fondées, elles sont entretenues aux frais de sociétés privées aujourd'hui fédérées sous le non d'*Association des auberges allemandes*.

Le gérant — père de la maison (Hausvater) — est un homme pieux ayant, autant que possible, passé par une « maison de frères » (1).

1. Les auberges les plus importantes par le nombre de leurs hôtes ont un ecclésiastique pour la prière et

Il lui appartient d'entretenir les sentiments religieux et de veiller aux bonnes mœurs de ses clients autant et plus que de confectionner une bonne cuisine. La prière est dite, matin et soir, en commun.

Dans ces auberges ouvrières où l'on n'est admis qu'après présentation de papiers d'identité, pas de crédit : il faut payer lorsqu'on vous apporte les aliments et les boissons demandés.

Les hôtes doivent être rentrés à l'auberge, le soir, avant dix heures.

A quel prix un ouvrier peut-il vivre à l'auberge ouvrière allemande ? Le couchage se paie de 10 à 50 pfennigs suivant que l'ouvrier se contente d'une paillasse ou préfère un lit garni. La bière commune coûte 5 pfennigs la chope ; la grande tasse de café, 5 pfennigs ; la tartine de pain beurré ou avec du saindoux fondu, 5 pfennigs ; un morceau de pain avec fromage ou viande fumée, 15 pfennigs, etc.

Les fondateurs des auberges ouvrières avaient un autre but que procurer à très bas prix des aliments et un abri aux ouvriers : c'était de leur indiquer des emplois vacants. Ce dernier but ne paraît pas avoir été atteint.

les offices. Une chapelle est même installée dans la maison.

Les gérants manquent de renseignements sur les bras dont on peut avoir besoin dans les divers corps de métiers, aux environs de la localité où est située l'auberge.

∴

A Stockholm, où sont ouverts une soixantaine d'estaminets populaires, la municipalité qui les subventionne a principalement eu pour objet de combattre l'alcoolisme. Si l'on se fiait aux apparences on pourrait croire au succès de l'entreprise. Malheureusement, et nous l'avons indiqué dans une autre partie de cet ouvrage, le funeste vice n'a pas plus disparu de la Suède que de la Norvège. L'alcool, au lieu d'être absorbé au cabaret, publiquement, est consommé au logis, en présence des enfants, de la mère de famille, et la contagion du mal naît de son déplacement.

∴

En Belgique, les restaurants populaires sont à peu près inconnus. Ce n'est pas la faute de M. Ch. de Quéker, qui, dans l'ouvrage qu'il a publié sur ce sujet, dans les sociétés dont il fait partie, et en toute circonstance, n'a cessé de les préconiser comme un des moyens les plus propres à soulager la misère des familles pauvres. Le réfectoire populaire n'est pas l'idéal de l'honorable secrétaire de M. le bourgmestre de Bruxelles. M. Ch. de Quéker ne rêve-t-il pas de cuisines ambulantes qui traverseraient les rues des cités industrielles, distribuant contre faible paiement des aliments chauds et bien préparés?

Les compatriotes de M. de Quéker ne sont pas encore arrivés à la réalisation de cette conception philanthropique. Une seule expérience de cuisine populaire a été tentée, à Bruxelles, par la Société coopérative de consommation les *Ateliers Réunis*. Une grande baraque en bois a été installée sur la place du Jeu de Balles. C'est le restaurant économique. Le spectacle qu'il offre à l'heure des repas est poignant. Dans une salle très vaste, des ouvriers sont attablés, mangeant et buvant copieusement pour une dépense très faible... Là n'est point le spectacle émouvant. Mais restez dans le large couloir de l'entrée et assistez au défilé de ceux, femmes, vieillards, enfants qui viennent chercher, pour déjeuner ou dîner en famille, des aliments tout préparés. Les mines sont défaites, les pieds nus, les vêtements en loques. Voici une gamine de sept à huit ans. Dans une espèce de grande cafetière en fer battu, elle emporte pour *quarante centimes* de soupe, rien de plus. Je l'interroge.

A combien de personnes est destinée cette soupe ?

A quatre : le père, la mère et une autre fillette.

Et avec cela que mangerez-vous à votre déjeuner, petite ?

L'enfant paraît étonnée d'une telle question. N'y a-t-il pas toujours du pain à la maison et de la bière !

Et ce défilé des misères humaines dure, devant les guichets de la cuisine, de 7 heures à 9 heures du matin, de midi à 2 heures et de 6 heures à 9 heures du soir.

Le matin il n'est délivré que de la soupe, du bouillon, du pain et du café.

Voici le tarif des aliments :

Soupe.	0 10
Demi-soupe. . . .	0 05
Viande ou poisson. .	0 20
Légumes.	0 10
1/2 litre de bière. .	0 07
Pain	0 05
Café au lait. . . .	0 05
Harengs.	0 10
Œufs.	0 10

.:

Connaissez-vous Londres ? Si vous y êtes allé quelquefois vous avez sans doute remarqué, de loin en loin, dans certaines voies, de petits chalets aux jolis volets verts, tels que Jean-Jacques en rêvait. Si vous leur avez trouvé un air de ressemblance avec certains édicules qui ornent nos rues et nos boulevards parisiens, nous nous hâterons de vous détromper. Ces chalets sont le produit d'une œuvre de philanthropie. Ce sont des buvettes pour cochers. L'œuvre des abris pour les cochers : *Cabmen's Shelter fund*, a été établie à Londres en 1875, dans le dessein de fournir aux cochers, à la station, un abri et des boissons *non alcooliques*, thé, café, cacao. L'abri est gratuit. Les rafraîchissements sont donnés à des prix très modérés. Des journaux, des livres sont à la disposition des *cabmen*. La société charitable qui a construit ces chalets a voulu surtout qu'ils soient une concurrence au cabaret. Les cochers n'en font pas partie, comme membres. Cependant on accepte leurs dons. Elle est placée actuellement sous la présidence du duc de Portland. 3.500 cochers en moyenne reçoivent, chaque jour, un abri dans ces chalets, qui sont au nombre de 41 pour la ville de Londres.

CHAPITRE XIV

LOGEMENTS A BON MARCHÉ

La question des loyers est-elle du domaine de la bienfaisance? —Ouvriers et propriétaires.— M. Vautour. — Logements à bon marché d'Amsterdam, Hambourg, Londres, Elberfeld. — Une expérience malheureuse à Stockholm.

∴

Des mille moyens proposés pour relever la condition matérielle ou morale du pauvre, la mise à sa disposition de logements à bon marché n'est pas le moins efficace. Le loyer, dans les villes industrielles, grève lourdement le budget des familles du peuple. De là vient l'antipathie pour ainsi dire héréditaire que nourrit l'ouvrier à l'égard du propriétaire. Que celui-ci ait de grosses charges à acquitter, que le revenu foncier soit souvent inférieur au revenu des valeurs mobilières, le pauvre l'ignore et il n'a cure de l'apprendre. Le loyer prend le cinquième du salaire de l'ouvrier : voilà le fait que seul ce dernier retient et qui l'a porté à décorer du nom de *vautour* le propriétaire.

Tout ce qui sera tenté pour diminuer le prix des logements aura donc, au point de vue social, des résultats heureux. On contestera que ce soit là une œuvre d'assistance? Nous pourrions répondre que beaucoup de municipalités étrangères ont si peu admis cette théorie que leurs bureaux de bienfaisance ont construit des habitations ouvrières qui sont louées aux familles nécessiteuses (1).

Mais si nous concédons que le fait de louer, à des conditions particulièrement économiques, des logements aux ouvriers ne constitue pas un acte d'assistance (2), on voudra bien, sans doute, reconnaître qu'il s'en faut de peu, et l'on nous excusera si nous racontons, en

1. Anvers et Gand sont dans ce cas.

2. Et cependant!... Louer à quelqu'un 200 francs un logement d'une valeur locative de 300 francs, et qu'au premier venu on ne louerait pas moins de 300 francs, cela ne constitue-t-il pas un acte d'assistance, un cadeau de 100 francs?

peu de mots, les efforts de quelques sociétés privées de l'étranger dans cette voie.

∴

A Amsterdam, le legs d'un riche Allemand a facilité, il y a deux ans, l'édification de maisons ouvrières qu'exploite une société particulière : *Nederlandsch-duitsche Stichting.*

Ces maisons sont au nombre de 56. La moitié a été réservée à des Allemands pauvres, habitant Amsterdam depuis au moins dix ans. L'autre moitié est pour les habitants de la ville. Le logement est tout à fait gratuit. Il s'agit donc bien, en l'espèce, d'une œuvre d'assistance. Inutile d'ajouter que les candidats sont nombreux : environ 400 pour ces 28 maisons !

∴

La fondation Schutte, à Hambourg, concède à des familles pauvres une habitation contre un loyer très modique.

∴

De même, il existe à Londres des logements à bon marché pour les ouvriers.

∴

A Elberfeld, diverses sociétés ont élevé des maisons ouvrières dont les locataires peuvent devenir propriétaires, grâce à d'ingénieuses combinaisons.

∴

Les ouvriers ont fondé à Stockholm des associations coopératives, en vue de la construction d'habitations à bon marché, dont la propriété devait revenir aux locataires après un certain temps et dans des conditions déterminées.

Pour des causes multiples, dont la principale est née des entraves mises au fonctionnement de ces sociétés par la loi suédoise sur la matière, les propriétés sont passées entre les mains de capitalistes privés. Néanmoins quelques groupes d'habitations ouvrières existent dans la capitale de la Suède. Celles-ci ont été élevées, soit par les soins de sociétés philanthropiques, soit par ceux d'entrepreneurs en quête d'une opération fructueuse.

En ce moment, une commission nommée par le Conseil municipal de Stockholm étudie la question des logements à bon marché.

CHAPITRE XV

ASSISTANCE PAR LE TRAVAIL

Différences du caractère de la charité au Nord et au Midi de l'Europe. — Dans les pays du Midi, aumône pure et simple. — Dans ceux du Nord, assistance accordée en échange de travail. — Application de ce dernier système par les établissements publics et privés de Hollande. — Le travail des pensionnaires des hospices. — Mise en valeur des dunes par les indigents. — Les *Werkhuisen*, ateliers d'assistance provisoire par le travail. — La *Christelyke Volkshand*, l'*Union chrétienne*.— Chiffonniers par philanthropie. — Journaliers transformés en commissionnaires. — — Action utile de l'*Armée du salut* en Hollande. — Assistance par le travail en Allemagne ; la crainte du vagabondage. — Hôtelleries de refuge. — Stations ouvrières. — Colonies ouvrières ; stipulations du contrat de séjour. — Une œuvre trop vantée. — Le vagabondage *canalisé*, mais non supprimé. — Complications résultant de tendances et de doctrines religieuses. — Défiance et malveillance des commerçants et des industriels. — Concurrence des colons aux ouvriers libres ; abaissement du prix de la main-d'œuvre. — Colonie de Haeren près Bruxelles. — Plus d'aumône en argent : des bons de travail. — Les ouvrages exécutés.— Statistique des antécédents judiciaires des colons de Haeren. — Société de travaux à domicile pour les femmes à Elberfeld.

∴

Quel cœur charitable n'est un peu soupconneux, un peu méfiant ? La crainte d'être exploité bien souvent le paralyse. Le mendiant de profession est le grand ennemi du pauvre, un ennemi terrible, car non seulement il dérive la source des revenus charitables, mais il risque de la tarir. Dans les pays que dore le soleil, une piécette d'argent ou de bronze satisfait le paresseux qui préfère traîner une vie misérable, sans travailler, que de faire œuvre de ses dix doigts. L'air est pur, les besoins peu nombreux. Un rayon de soleil pour dorer les haillons, les dalles de la rue pour dormir à la belle étoile, cela suffit.

Le passant qui, en Italie, par exemple, s'arrête un instant pour tirer de sa poche quelque menue monnaie ne s'inquiète guère de savoir s'il secourt une misère véritable ou non. Il n'a souci que de se débarrasser d'un importun.

Dans les pays du Nord, la philanthropie est plus exigeante. Elle demande autre chose à l'homme qui tend la main. Passe encore s'il est infirme ou très âgé ; mais s'il est valide, s'il peut travailler, il faut qu'en échange de l'aumône reçue il fournisse une certaine somme de travail. L'imposition d'une tâche à accomplir par l'indigent secouru est une mesure commune à l'Angleterre, à la Hollande, à la Suède et à la Norvège. Si elle est une règle, en matière d'assistance publique, en Angleterre, en Suède et en Norvège — règle d'une application parfois très dure, comme dans le *Casual ward* des workhouse anglais — l'obligation de travailler est de pratique courante dans nombre d'institutions privées de Hollande et d'Allemagne. Le principe s'est introduit en Belgique. Mais les Pays-Bas restent la terre classique de l'assistance par le travail.

L'application de ce système d'assistance remonte, en ce pays, aux siècles passés où les communes secouraient les indigents en leur donnant du travail.

De nos jours les établissements hospitaliers, communaux ou privés, font travailler les vieillards, qui contribuent de la sorte aux frais de leur entretien. Comment est organisé ce travail dans les hospices ou asiles communaux ?

Je l'ai dit ailleurs (1) à l'occasion de ma visite à la maison des pauvres d'Amsterdam, *Armenhuis*. Poussée jusqu'à un certain point, ainsi comprise, l'hospitalisation avec obligation de travail perd son caractère d'assistance pour devenir une simple œuvre de police.

Les institutions privées, dans les établissements qu'elles possèdent, font aussi quelquefois travailler les pauvres; mais le labeur auquel sont astreints ceux-ci n'est point comparable à celui que doit subir le client de l'*Armenhuis*. Le plus souvent il est facultatif. Dans aucun cas il n'est aussi dur.

A l'hospice catholique Saint-Jacob d'Amsterdam, où quelques ateliers fonctionnent, ateliers pour les forgerons, pour les charpentiers, pour les cordonniers, etc., nulle tâche n'est fixée aux hospitalisés qui y sont occupés. Qu'on n'aille point en conclure qu'ils ne font rien. « On ne trouve point de paresseux parmi eux », nous disait la supérieure de l'établissement. Et, cependant, aucun ne reçoit de salaire. Pour toute récompense on octroie aux zélés une tasse de café ou du beurre !

Dans d'autres établissements, les pauvres sont employés aux travaux ménagers, besogne

1. *Rapport sur l'assistance publique dans quelques pays du Nord* (en préparation).

facile et point fatigante. Ce ne serait pas d'ailleurs dans les hospices privés ou publics qu'il conviendrait de chercher la caractéristique du système d'assistance par le travail cher aux Hollandais. Placé sur un sol ingrat, artificiel, pour ainsi dire, qu'il a formé, enrichi à force de persévérant labeur, le peuple hollandais connaît tout le prix de la culture de la terre ou, mieux, de la conquête de la mer, et c'est vers cette conquête qu'il dirige les troupes indigentes qui réclament le secours de l'Assistance.

Dans les grands centres et spécialement en Frise où, chaque année, pendant l'hiver, le nombre des ouvriers sans travail augmente dans de fortes proportions, on emploie ceux-ci aux dunes.

A La Haye, les délégués des diaconies protestantes catholiques et israélites ont nommé une commission spéciale qui, pendant la mauvaise saison, prend en main l'administration d'une assistance par le travail aux indigents. On les charge de remuer les dunes (de décembre à mars), d'en tirer le meilleur parti possible. On alloue à ces travailleurs un salaire d'environ 4 florins et demi ou 5 florins par semaine (1).

1. Le travail dans les dunes est effectué sous une sur-

Les dépenses sont soldées pour partie par le produit des pommes de terres cultivées. Le surplus est couvert par des personnes charitables.

La culture des landes, des dunes, paraît répondre plus particulièrement aux préoccupations des sociétés privées d'assistance, aussi bien de l'*Union chrétienne* que de la Société « Maatschappy van Wieldadigheid » (1), et de toutes celles qui sont disséminées dans les provinces néerlandaises. D'autres modes d'assistance par le travail sont pourtant connus en Hollande. Deux d'entre eux méritent, sinon d'être recommandés, du moins d'être indiqués et expliqués brièvement.

L'un de ces systèmes est celui suivi dans les « Werkhuisen » (ateliers) de quelques communes néerlandaises. A la porte de ces ateliers, les mendiants, les personnes sans emploi peuvent frapper journellement et demander du travail. On ne leur en donne pas sur-le-champ. On les remet ordinairement au lendemain, non sans leur avoir quelquefois procuré un gîte pour la nuit. Le travail qu'ils on

veillance spéciale. On y emploie préféremment les pères de famille momentanément sans ouvrage.

1. Cette société a surtout en vue la culture des landes de la province de Gueldre et l'établissement de petites colonies agricoles.

à faire consiste dans la confection de vêtements grossiers, et la coupure du tabac ou autres occupations légères. Ces ateliers où l'on dissimule l'aumône sous la forme d'une rétribution de travail, d'un salaire, et qui ont été ouverts afin, principalement, de combattre la mendicité, sont au nombre de 21 dans le royaume des Pays-Bas. Les plus importants par rapport aux services rendus à leur organisation sont établis à Utrecht, Gouda, Leiden, Rampen, Delft, Zaandam.

A côté de cette assistance, l'Association « Christelyke Volkshand » s'est proposé le but de venir en aide, pendant l'hiver, aux gens inoccupés. La délégation des diaconies s'intéresse surtout aux pauvres qui, plus ou moins, sont déjà en relation avec quelque œuvre de charité. L'*Union chrétienne*, au contraire, recherche les ouvriers non encore secourus et tâche de leur procurer l'occupation la plus conforme à leurs aptitudes. Pendant toute l'année, cette Société sert de trait d'union entre les ouvriers ou employés en chômage et les commerçants, chefs d'industrie. Elle met en rapports les uns et les autres.

Nous avons vu qu'à l'exemple de beaucoup d'autres sociétés l'*Union chrétienne* utilise les ouvriers qu'elle protège pour la mise en valeur agricole des dunes ; elle a aussi ses propres ateliers urbains qu'elle alimente d'ouvrage par un assez curieux moyen. Appel est adressé aux habitants de la ville pour qu'ils consentent à disposer, au profit de cette œuvre, des meubles, objets divers détériorés ou brisés, des vêtements déchirés dont ils ne veulent plus parce qu'ils les regardent comme ayant perdu toute valeur. Meubles, vêtements, joujoux, ustensiles de cuisine, chaussures, tous ces invalides des ménages bourgeois sont réparés, remis en état et vendus à de pauvres diables qui s'offrent ainsi, à prix réduit, mobilier et garderobe...

Une forme d'assistance par le travail pratiquée par cette association a droit à une mention. Elle se recommande aux membres de cette armée des journaliers si nombreuse en tout pays qui, connaissant un peu tous les métiers, sont incapables d'en exercer aucun convenablement. Ceux-là errent toute leur existence, en quête d'une situation stable qu'ils ne parviennent pas à trouver et finalement échouent dans les bureaux des sociétés d'assistance. L'*Union chrétienne* a mobilisé ces journaliers. Ils forment, grâce à elle, un corps de commissionnaires dont on se montre très satisfait.

L'*Armée du Salut,* dont nous ne connaissons en France que les néophytes aux chapeaux hilarants, fait, en Hollande, œuvre autrement utile. Les ateliers qu'elle a établis font beaucoup de bien. On reproche à cette société de se tenir à l'écart de celles qui poursuivent le même but. Mais c'est là un regret que nous avons eu plus d'une fois l'occasion d'exprimer nous-même en Hollande et en d'autres pays. Il s'applique malheureusement à des institutions de confessions très différentes.

∴

L'Allemagne a emprunté à la Hollande ce système d'assistance par le travail agricole. La première fois qu'on tenta de l'implanter, ce fut au commencement du siècle, vers 1830. L'expérience ne réussit point. Renouvelée il y a une quinzaine d'années elle a donné des résultats très vantés qu'il est malheureusement extrêmement difficile de contrôler. Aussi bien il s'agit, en l'espèce, non point de secourir les ouvriers sédentaires en chômage, mais de réunir en un même lieu, dans des colonies agricoles, les ouvriers en quête de travail qui parcourent la campagne, et, aussi, les vagabonds. Il faut bien le dire, la pensée dominante de ceux qui encouragent ces colonies est inspirée par un sentiment de préservation sociale, par la crainte du chemineau, bien plus que par la charité. Cette pensée, je l'ai recueillie sur les lèvres de plusieurs des personnages avec lesquels je me suis entretenu de cette question en Allemagne.

Après tant de brochures traduites ou d'écrits originaux (1) est-il besoin de rappeler ce que sont les colonies ouvrières (*arbeiter colonie*) d'Allemagne?

Avec les hôtelleries de refuge (*Herbergen zür Heimath*) et les stations ouvrières d'entretien (*Verpflegüngs stationen*) elles forment la troisième partie d'une trilogie charitable. Procurer à bas prix un gîte et la nourriture, dans des auberges convenables, aux artisans à la recherche de travail, telle fut la pensée qui présida, au milieu du siècle, à l'établissement de la première « hôtellerie de refuge ». Les stations ouvrières d'entretien, vieilles d'une quinzaine d'années environ, sont issues de ces

1. Nous citerons, entre autres travaux : *La mendicité et l'assistance par le travail en Allemagne*, de M. Edouard Fuster, et le rapport sur les *Colonies ouvrières en Allemagne*, par M. Michotte de Welle, conseiller de légation de Belgique.

auberges. Ce sont des maisons où les ouvriers inoccupés et dépourvus de ressources, allant d'un lieu à l'autre, reçoivent gratuitement une hospitalité en échange de laquelle ils doivent fournir une certaine somme de travail (1).

La colonie ouvrière est le couronnement de l'œuvre, la dernière étape de la charité privée, s'acheminant vers la suppression de la mendicité par l'assistance des vrais pauvres contre le travail.

Ouverte à tous les malheureux valides, sans distinction de religion, sans enquête d'aucune sorte (les prisonniers libérés y sont reçus au même titre que les autres passants), la colonie ouvrière héberge, aux conditions suivantes, quiconque lui demande asile :

Les colons admis s'engagent par écrit à remplir les obligations qui leur sont imposées en échange des vêtements, objets divers dont remise leur a été faite. Pendant la première quinzaine passée à la colonie, leur travail paie nourriture et logement. Après ce temps ils

1. Les hôtelleries de refuge et les stations d'entretien sont des œuvres connexes placées souvent à côté l'une de l'autre. Leur différence essentielle est que les premières sont payantes et les autres gratuites. L'initiative de cette création appartient au professeur de droit Clément Perthes.

reçoivent un salaire sur lequel l'établissement se rembourse de ses fournitures de vêtements. Tant que le pensionnaire ne s'est pas acquitté de cette dette, il ne peut employer que la dixième partie de sa rémunération mensuelle à l'achat d'articles de fumeur. Le montant de ce qu'il a le droit de toucher ne dépasse jamais d'ailleurs le cinquième de cette rémunération.

A tout moment, l'hospitalisé est libre de quitter la colonie, à condition d'en prévenir la Direction trois jours à l'avance. On lui délivre, s'il y est resté au moins deux mois et demi, à la satisfaction du personnel de l'établissement, un certificat de conduite. Sa *masse*, l'argent qu'il a gagné, est confiée à un correspondant chargé de surveiller, *par la suite*, sa conduite.

Dans l'esprit des fondateurs de ces colonies l'agriculture devait y être l'unique occupation de la population les composant. A peine admettait-on, dans les débuts, qu'on y exerçât, à titre accessoire, quelques métiers se rattachant à l'agriculture. Mais des établissements de ce genre ayant été créés dans plusieurs grandes villes, Berlin, Hambourg, Magdebourg, ce fut, au contraire, l'industrie qui l'emporta sur la culture de la terre. A Berlin, par exemple, les colons fabriquent des caisses en bois, des brosses, des balais, des fourreaux en paille pour l'emballage des bouteilles. Leur gain, de 1 mark qu'il est au début, monte à 1 m. 50, parfois 2 marks par jour. On leur retient 75 pfennigs pour le logement et la nourriture.

Les colonies ouvrières, qui sont aujourd'hui au nombre de 28 en Allemagne, ont été louées, vantées (1). Ce n'est pas seulement en ce pays — on ne s'en étonnerait pas — qu'elles ont été le sujet d'éloges variés allant jusqu'au dithyrambe. Chez nous, des écrivains, prompts à s'enthousiasmer pour tout ce qui est étranger, ont découvert en ce mode d'assistance une panacée propre à guérir tous les maux causés à notre pauvre humanité par la misère.

C'est aller bien vite en besogne. Il faudrait, pour justifier d'aussi belles prévisions, pour permettre de croire à d'aussi brillantes destinées, que des faits fussent apportés, probants. Par malheur, ceux qu'on connaît n'ont rien moins que démontré la vertu efficace des colonies ouvrières à solutionner la question sociale.

En créant et en développant les stations d'entretien et les colonies ouvrières, on se pro-

1. En ces derniers temps, n'a-t-on pas vu le jeune empereur faire visite à l'apôtre de cette assistance spéciale, le pasteur Bodelschwingh, et le féliciter publiquement de ses efforts et des résultats de l'œuvre?

posait d'atteindre deux résultats : diminuer, sinon supprimer, totalement le vagabondage, et soutenir les ouvriers ambulants.

Le nombre des mendiants a-t-il diminué ? Les témoignages paraissent s'accorder sur ce point. Oui, les mendiants sont plus rares. En vérité, y a-t-il là de quoi tomber en pamoison ? Des individus mal chaussés, déguenillés, le bissac vide traînent la jambe sur une route sans fin. Vous leur indiquez un endroit : la station d'entretien, où ils auront selon leurs moyens, c'est-à-dire gratuitement, bon souper, bon gîte... Ils y vont. Il n'est même pas nécessaire de les beaucoup prier — en hiver surtout — pour qu'ils aillent à la colonie. Le travail n'est pas assez pénible pour qu'ils ne le préfèrent aux rigueurs de la saison en pleine campagne, aux courses dans la boue et la neige, par les froids rigoureux.

Vous avez *canalisé* le vagabondage : vous ne l'avez ni supprimé ni seulement réduit. On ne fixe pas l'homme qui aime la vie errante, qui a voulu s'affranchir de la règle commune.

> Attaché ! dit le loup : vous ne courez donc pas
> Où vous voulez ?

Le vagabond professionnel supportera le régime de la station, même celui de la colonie, pendant les semaines les plus rudes de l'hiver, sachant qu'il sortira librement, quand il lui plaira. Vous lui avez procuré un refuge pour cette période. Mais vous ne l'avez pas moralisé.

Et quel bien avez-vous fait à ceux qui, englobés dans cette armée du vagabondage, dont le chômage, une détresse imméritée sont cependant les principaux recruteurs, vous demandent parfois, avant du pain, du travail ? Vous leur en avez procuré à la colonie pendant le temps qu'ils y sont restés, et puis après ? Vous avez compris, je le sais, que c'était là un point faible de votre organisation, et vos efforts se sont tournés de ce côté : vous avez créé des bureaux de renseignements pour le travail. Vous vous êtes efforcé d'indiquer au colon une place définitive. Louables mais tardifs efforts.

« C'est par là qu'il eût été rationnel de com-« mencer. Si ces bureaux avaient été bien « organisés dès le principe, il en serait ré-« sulté une diminution sensible dans le nombre « des hôtes des stations et des colonies. D'au-« tre part, ils épargneraient aux ouvriers sans « travail des voyages inutiles qui n'ont d'autre « effet que d'augmenter leur misère » (1).

1. *Rapport sur les colonies ouvrières en Allemagne*,

Justes observations, contre lesquelles ne prévaudront point vos statistiques.

Cela est si vrai qu'il vous faut bien avouer qu'en dépit de vos efforts vous ne placez pas plus de vingt pour cent de votre clientèle. Le fait d'avoir séjourné dans une colonie implique, pour les patrons ou chefs d'industrie, une défaveur à l'égard des ouvriers.

Est-ce tout? Non. On a voulu doubler l'œuvre philanthropique d'une œuvre religieuse, moraliser les pauvres, les rappeler dans la voie chrétienne dont ils avaient pu s'éloigner. Prières, offices divins, sacrements, sermons, rien n'a été oublié dans cette intention. La chapelle est la plus confortable salle des établissements, le pasteur protestant est l'homme le plus écouté. Le zèle religieux ne s'arrête pas là. On veut que le patron choisi veille sur l'âme de l'ouvrier que la colonie lui envoie. Commerçants, industriels ont assez de soucis sans qu'on y ajoute celui de jouer le rôle de professeur de morale. Et voilà pourquoi le placement des colons, difficile en soi, pour les raisons que nous venons d'énumérer, l'est rendu plus encore parce qu'on a voulu greffer sur une œuvre d'assistance une œuvre apostolique.

par M. Michotte de Welle, conseiller de légation de Belgique.

Ainsi le mal qu'elles voulaient guérir (le vagabondage) les colonies l'ont simplement déplacé : tel le rhumatisme qui, chassé d'un membre, court vers un autre; le bien qu'elles espéraient produire (placement des ouvriers sans travail) est encore à faire.

Par contre elles ont soulevé en maints endroits, à Berlin, entre autres villes, les plaintes des ouvriers et des commerçants. Les premiers prétendent que le travail des colonies est une cause d'avilissement des salaires, et les seconds qu'il en résulte, par voie de conséquence, une diminution du prix de vente des marchandises. Autant qu'on le peut on tient compte de ces critiques. Les faits qui les motivent ne subsistent pas moins, et les corporations continuent de voir d'un mauvais œil le développement des colonies. Qu'on ne s'étonne plus ensuite si ces corporations refusent d'apporter leur concours, moral et pécuniaire, à l'œuvre des *arbeiter-colonie.*

∴

En Belgique, une tentative analogue a été faite sur l'initiative d'un des défenseurs les plus résolus de l'assistance par le travail, M. Ch. de Quéker, dont nous avons plus d'une fois l'occasion de citer le nom au cours de ce rapport. Mais, jusqu'à ce jour, une seule colonie a été fondée, celle de Haeren, aux portes de Bruxelles. Encore que son importance soit mince nous croyons nécessaire d'en faire la genèse et d'en expliquer le fonctionnement, ne fût-ce que pour permettre de marquer les différences entre la colonie belge et celles d'Allemagne.

L'*Œuvre du travail*, présidée par M. Buls, bourgmestre de Bruxelles, avait pour but, à l'origine, il y a cinq ou six ans, d'offrir dans un asile de Bruxelles un refuge momentané, contre prestation de travail, aux individus sans ouvrage. L'accès de la maison était facile, on y acceptait avec la plus large tolérance quiconque se présentait. Afin d'éviter du commerce bruxellois le reproche de concurrence on ne faisait fabriquer aux réfugiés que des margotins. Les marchands de bois et charbon préfèrent acheter ces fagots de bois plutôt que de les fabriquer eux-mêmes.

D'où nulle concurrence à l'industrie privée.

Peu après les administrateurs de l'*Œuvre du travail*, conquis à l'idée des colonies ouvrières d'Allemagne et de Hollande qu'ils avaient visitées, sollicitèrent de la ville de Bruxelles et en obtinrent la concession de terrains (plusieurs hectares) à Haeren. C'est là qu'ils transportèrent la Maison du travail (1). Des bâtiments à rez-de-chaussée furent élevés. Les portes en furent ouvertes le 19 février 1893. Sur toute la longueur de la façade en bordure de route se détache en lettres énormes le titre de l'établissement : *Colonie ouvrière libre*. Le passant peut s'y arrêter et, soit besoin, soit curiosité, y séjourner. Faisons comme lui.

Sur la porte d'entrée une première inscription : *Bienvenue au travailleur*. Franchissons cette porte. Un employé demande à l'arrivant quelques renseignements sur son état civil, sur ses antécédents judiciaires. Ordinairement ceux qui sollicitent l'hospitalité de la colonie sont des ouvriers auxquels la Bourse du travail de Bruxelles n'a pu indiquer d'ouvrage ou qui se sont adressés aux commissaires de police pour avoir un asile. Quelques-uns, sachant que cet établissement existe, y viennent directement. Les uns et les autres peuvent se présenter, à partir de 16 ans, à toute heure de la journée. Après avoir répondu aux premières questions qui leur ont été posées ils sont invités à signer

1. La Maison du travail, disons-le en passant, est une dépendance, une succédanée de la Bourse du travail de Bruxelles, laquelle est une institution communale.

un contrat aux termes duquel, entre autres choses, ils devront travailler pour la nourriture et le logement, et pourront être poursuivis pour violation de domicile et remis à la justice comme vagabonds s'ils refusent de quitter la colonie après en avoir été congédiés (1).

Ces formalités préliminaires une fois accomplies, on examine l'arrivant. Si son état de propreté est douteux on désinfecte à la vapeur ses vêtements. Dans tous les cas on l'oblige à prendre un bain.

Les hospitalisés sont, par la suite, envoyés au bain à tour de rôle. S'ils sont 15 à la colonie, ils se baignent tous les 15 jours; s'ils sont 60, une fois seulement tous les deux mois.

Admis sans présentation de certificat, sans distinction de nationalité, le temps de leur séjour n'est pas limité. A moins de se trouver dans un des cas d'infraction prévus par le contrat et qui entraînent le congédiement, ils peuvent demeurer dans l'établissement aussi longtemps qu'ils le désirent. Quelques-uns, usant de cette faculté, sont les hôtes de la colonie pendant trois et quatre mois; mais la moyenne du séjour est de 30 jours.

A partir du mois de septembre la maison

1. Nous donnons ce document en annexe.

s'emplit. Et durant tout l'hiver les places vides y sont promptement occupées.

Allume-feu, fagotin sont les travaux faciles donnés aux colons au cours de l'hiver (1). Dans l'atelier, des maximes morales, des conseils s'étalent en lettres grasses sur les murs :

Tout bien nous vient de la charrue,
Tout mal nous vient du cabaret.
Honorez la charrue,
Fuyez le cabaret.

dit l'une de ces inscriptions.

En voici une autre :

La vie est courte ; n'en perdez pas un instant dans la paresse.

Les membres de l'*Œuvre du travail*, comme ceux de certaines associations pour l'assistance par le travail en France, ont à leur disposition des bons qu'ils délivrent aux personnes qui leur demandent l'aumône, prétextant être sans

1. La vente de ces fagots ne rapporte pas de bénéfices à l'établissement. Mais ce genre de travail a l'avantage d'être à la portée de ceux-là mêmes qui n'ont que peu l'habitude du travail manuel. Ces fagots sont vendus, aux marchands et aux particuliers, 1 fr. 50 le cent. Au commencement de chaque hiver la Maison de travail en a une commande de 50.000.

ouvrage. Ces bons, payés 0 fr. 20 à la Société par ces personnes charitables, donnent le droit à celui qui les reçoit de travailler à la colonie de Haeren à ce prix de 0 fr. 20 l'heure. Ceux qui les utilisent sont des ouvriers domiciliés à Bruxelles.

Le dortoir, long de 22 mètres, large de 7 mètres, a 36 lits, faits de paillasses en fibres de bois (pour éviter la poussière). Ces paillasses reposent sur des sommiers de fer. Les hospitalisés ont deux couvertures en été, trois en hiver.

Des préceptes de morale sont encadrés, tels que ceux-ci :

Rien ne surpasse le bon exemple.
Mieux vaut tard que jamais.

D'une chambre, percée d'une baie vitrée, un surveillant placé au fond du dortoir voit aisément, la nuit, ce qui se passe dans les dortoirs. Une disposition analogue rend aisée la surveillance de l'atelier des fagots.

Le régime alimentaire se compose de trois repas par jour, à 6 h. 1/2 du matin (1), midi et 7 heures du soir. Chaque hospitalisé a droit,

1. La journée de travail commence à 7 heures et finit à 6 heures.

en plus de la soupe aux pois ou aux haricots, à 850 grammes de pain par jour, 1 kilo de pommes de terre, 10 grammes de lard, 9 grammes de saindoux.

Le dimanche, 75 grammes de bœuf, et du café au lait au lieu de soupe. Comme boisson, de la chicorée (espèce de café) à volonté.

Le travail à l'atelier est destiné à remplir les longues journées d'hiver. En été, les colons travaillent sur les bords du canal de Willebroeck, aux champs d'épandage de la ville de Bruxelles, dont une partie a été concédée, pour l'exploitation, à l'Œuvre du travail.

Il y a là 8 hectares de terres où sont cultivés le seigle, le froment, l'avoine, les betteraves, les pommes de terre, le tabac et les plantes potagères nécessaires à la colonie, carottes, haricots, etc.

Telle est, indiquée par ses traits essentiels, l'organisation de la colonie ouvrière libre de Haeren. Voyons, maintenant, son rôle, à qui elle s'adresse, quelle catégorie d'individus elle secourt et dans quelle mesure.

Du 19 février 1893 au 31 juillet 1896 cet établissement a momentanément accordé de l'occupation, un logement et la nourriture à 800 malheureux privés de ressources. Sur ce nombre, 432 n'avaient jamais été condamnés. Sur les 368 restants, 317 avaient encouru une ou plusieurs condamnations pour vagabondage. D'aucuns avaient été transportés 10, 20 et même 30 fois dans les dépôts pour vagabonds de l'Etat. Outre les condamnations pour vagabondage, 212 avaient encouru des condamnations correctionnelles, 15 des condamnations pour simple contravention, 111 pour ivresse et 64 pour infractions à la discipline militaire. Tous ou presque tous avaient des penchants à l'intempérance.

Le rapport de la Maison du travail nous apprend que tous les condamnés pour vagabondage ne sont pas nécessairement des paresseux. Rebelles au travail forcé des maisons de répression de l'Etat, ils sont courageux, actifs à la colonie libre.

La population de la colonie ouvrière de Haeren se compose de deux catégories de travailleurs : 1° ceux qui lui sont envoyés par la Bourse du travail de Bruxelles pour quelque temps, en attendant qu'on leur puisse indiquer de l'ouvrage ; 2° les ouvriers à qui, au lieu d'une aumône qu'ils sollicitaient, les membres de l'œuvre ont donné des *bons de travail*. Chacun de ces bons représente une heure de travail à la colonie. Si le mendiant est vraiment dans le besoin, s'il est sans ouvrage, il fait usage de ces bons : il accepte ce travail. Dans le cas contraire on peut supposer qu'il n'est qu'un « carottier », un exploiteur de la charité (1).

La colonie de Haeren ne répond qu'imparfaitement, ce nous semble, aux espérances qu'elle avait fait naître. Son éloignement de la ville — six ou sept kilomètres — rebute beaucoup de malheureux affaiblis par les privations pour lesquels une heure et demie ou deux heures de marche est une trop pénible fatigue. Souvent l'ouvrier le mieux intentionné hésite, pour gagner 0 fr. 20 l'heure, à faire un aussi long trajet matin et soir et à s'immobiliser tout le jour à la colonie, ce qui lui interdit l'espoir de trouver de l'ouvrage en ville (2).

Il est juste cependant de constater qu'à la différence des colonies allemandes, celle de Haeren ne poursuit d'autre but que l'assistance des malheureux inemployés, sans la moindre

1. Les colons qui ont quitté l'établissement sans avoir donné sujet de plainte sont réadmis aussi souvent qu'ils le désirent.

2. Les colons de Haeren sont libres le dimanche de 7 heures à midi, et de 2 heures à 7 heures. S'ils le demandent on leur accorde, sans difficultés, la permission de la journée, mais ils doivent indiquer la localité où ils se rendent et rentrer au plus tard à 7 heures du soir.

pensée de propagande confessionnelle, et que procurer à ceux-ci une place par l'intermédiaire de la Bourse du travail est sa préoccupation principale.

Aussi la colonie de Haeren se rapproche-t-elle du type d'assistance par le travail dont les philanthropes se plaisent à rêver les bienfaits et que connaissent certains arrondissements de Paris, le XVIIe entre autres.

.·.

A Cologne, une société privée fait aussi fabriquer en atelier des fagots, mais ses assistés se recrutent presque exclusivement parmi les prisonniers libérés auxquels on refuse du travail chez les industriels.

A Elberfeld, la Société des dames de la ville confie aux femmes pauvres ou chargées de famille des travaux à faire au logis.

Quelques villes allemandes, un très petit nombre, imitent ce dernier exemple.

CHAPITRE XVI

CONDITIONS D'ADMISSION AU BÉNÉFICE DE L'ASSISTANCE

Règles générales et particulières. — L'allocation du secours subordonnée, en Hollande, à la pratique des devoirs religieux. — Fixation, pour les hospices, d'un minimum d'âge d'entrée. — La lettre de recommandation en Angleterre. — Le principe du vote appliqué dans les sociétés anglaises aux demandes d'assistance.

∴

La première règle qui s'impose aux sociétés de bienfaisance, c'est la limitation, au moyen de mesures parfois rigoureuses, du nombre des solliciteurs. Au flot des demandes il faut savoir opposer une digue. Multiples sont les misères, mais la misère a ses degrés ; les ressources de l'assistance privée ne sont pas inépuisables. La difficulté est d'opérer, dans la masse des quémandeurs, une sélection de justice, une sélection opérée, aussi exactement que possible, d'après les besoins réels de chacun. Sans doute, pour y arriver, l'examen de chaque cas individuel est obligatoire. Mais un premier choix se peut obtenir par l'application à tous de règles générales.

Quelles sont-elles? Qui songerait sérieusement à répondre à cette interrogation? Ce n'est pas de pays à pays que varient les conditions d'admission des pauvres aux secours des institutions charitables, c'est d'établissement à établissement, de Société à Société.

∴

En Hollande, où la charité privée règne en souveraine maîtresse, en véritable dispensatrice du bien des pauvres, ceux-ci ne sont assistés que s'ils remplissent au point de vue religieux quelques primordiales conditions. S'ils sont calvinistes on exige d'eux la preuve qu'ils ont été membres, pendant au moins deux années, de l'Eglise réformée. De cette façon, cette Eglise ne risque pas de secourir de faux adeptes, des convertis par intérêt.

L'Eglise catholique n'accorde son assistance qu'à ceux de ses fidèles qui, par certificat, établissent qu'ils ont fait leurs pâques.

La religion, dans les deux cas, joue le rôle d'un inspecteur des consciences. Rôle peu digne, on en conviendra (1).

∴

Ce n'est là qu'un régime exceptionnel, que parviennent à expliquer les mœurs, les traditions de ce pays en matière de charité. Chez les autres peuples l'admission au secours est soumise à un double ordre de conditions : âge et durée d'habitat dans la même localité.

Dans les principales villes d'Allemagne, par exemple, l'admission à un hospice de vieillard n'est accordée qu'à l'âge de 60 ans révolus et sans qu'il soit tenu compte de la religion des postulants. Avant l'admission il faut payer un droit d'entrée de 4 marks, ainsi qu'une provision pour les frais d'entretien. Naturellement ces conditions changent avec la nature des établissements de bienfaisance. Les établissements où les frais d'entretien sont payables par annuité accordent des exceptions.

1. Dans les établissements hospitaliers, hommes et femmes ne sont admis qu'à 60 ans. Dans l'application on est beaucoup moins sévère pour les femmes.

Dans quelques asiles on exige le paiement d'une entrée ; mais d'habitude le paiement des frais d'entretien s'effectue d'une façon continue sur la base d'une taxe journalière.

Quelques asiles ont différentes classes d'entretien pour lesquelles diffèrent les frais à payer.

La vieille filière administrative est presque partout et toujours suivie : demande écrite ou verbale à la Direction, instruction, classement de l'affaire... jusqu'au jour où la fée Recommandation la fait sortir du carton où elle reposait pour longtemps.

En Angleterre, il n'y a guère de demande d'entrée pour un hospice, un hôpital, un orphelinat qui ne soit accompagnée de l'apostille d'un des souscripteurs de l'œuvre. C'est même là, nous avons déjà eu l'occasion de le dire, un des privilèges du souscripteur : il jouit du droit de recommander des pauvres. Telle cotisation vaut deux lettres de recommandation par an ; une cotisation plus élevée comporte un plus grand nombre de ces lettres. Elles donnent lieu sinon à un trafic, du moins à des échanges fréquents entre membres d'une même société. Tel, parmi ceux-là, qui a épuisé son stock de recommandations va prier le voisin de lui faire crédit d'une ou deux lettres, à charge de les lui rendre un peu plus tard. Les pauvres connaissent ces habitudes et ils savent bien trouver dans leur entourage, lorsqu'ils en ont besoin, le gentleman qui les nantira de la précieuse lettre d'introduction.

Celle-ci n'entraîne pourtant pas toujours l'admission. En général, et c'est là une pratique bien anglaise, la demande du pauvre qui sollicite la faveur d'être secouru par une société, à domicile ou dans un établissement hospitalier, est soumise à un vote. Les suffrages des membres de la Société décident de l'admission des candidats, et l'on ne s'étonne pas, dans la société anglaise, de recevoir de temps à autre, la veille d'une assemblée de l'association à laquelle on appartient comme souscripteur, la visite de collègues souscripteurs, voisins ou amis, venant solliciter votre voix en faveur de tel ou tel candidat.

Les sociétés où le vote n'est pas pratiqué prennent soin de l'indiquer sur leurs prospectus, circulaires, réclames.

« *Les enfants ne sont pas admis par vote*, mais le Comité examine chaque cas à fond », est-il écrit au bas de la circulaire-réclame des *Refuges nationaux pour enfants*.

Redisons-le : l'admission sur vote des souscripteurs est, dans les sociétés anglaises d'assistance, la règle généralement suivie. Là, comme ailleurs, l'exercice du droit de suffrage traîne à sa suite un bagage de moyens électoraux, d'habiletés qui ne sont pas toujours recommandables.

CHAPITRE XVII

LES RESSOURCES DE LA CHARITÉ

Fertilité d'imagination et hardiesse des philanthropes. — Difficulté éprouvée par les sociétés charitables à percevoir les cotisations ; nécessité de constituer un capital pour assurer l'avenir. — Tribut prélevé par la charité sur le plaisir. — Fêtes de bienfaisance : profits et pertes. — Le *Conservatoire africain*. — Chiffonnerie philanthropique : vieux chiffons, vieux métaux. — L'art d'en faire des rentes aux pauvres. — Boîtes-troncs en Belgique. — Société coopérative de consommation au bénéfice des *Enfants-martyrs* : vente de bandes timbrées et de chocolat. — Qui dîne donne. — Appel au public par voie d'affiches. — La publicité au service de la charité en Angleterre. — Doléances des établissements charitables énoncées sur écriteaux. — Le samedi des hôpitaux à Londres.

Certes, le mérite des mendiants qui font profession d'exploiter la charité ou publique ou privée est grand, parfois même il est extraordinaire, il atteint des limites que l'imagination conçoit à peine. Loin de moi la pensée — je supplie MM. les mendiants de me croire — de rabaisser ce mérite, de diminuer leurs talents.

Pourtant, dût la jalousie naître en eux d'une telle révélation, je confesserai que le génie inventif des philanthropes dépasse le leur dans l'art de faire recette. On ne se doute pas des mille ressources de la charité, de l'infinité de ses moyens d'obtenir de l'argent pour les pauvres. Les personnes les plus timides, les plus *collet-monté* dans la vie ordinaire se montrent, lorsqu'il s'agit de recueillir des fonds pour une œuvre charitable, d'une hardiesse, d'un sans-façon qui surprennent.

Deux pays, à ce titre, ont droit d'être plus spécialement observés : l'Angleterre et la Belgique.

Dans les autres, Hollande, Suède, Norvège, Allemagne, les sociétés d'assistance privée ne connaissent que ce que nous appellerons les recettes ordinaires : cotisations des membres de la Société, dons, legs et revenus des capitaux constituant le *fonds* de l'œuvre.

A ces ressources il faut ajouter, pour la Hollande, le produit des quêtes. On quête beaucoup pour les pauvres, dans les églises et à domicile. Les diacres, plusieurs fois au cours de l'année, vont frapper à la porte des habitants, sans souci de leur religion. L'obole cependant se ressent de la qualité cultuelle du quêteur, et tel habitant qui donne 2 francs pour les pauvres de son Église s'en tire avec une pièce de 50 centimes pour ceux d'une autre religion que la sienne.

La statistique établit que sur cent florins dépensés en secours, pendant l'année 1894, en Hollande, 34.50 provenaient de collectes, 30 de subsides et 35.50 de revenus propres.

∴

En Belgique et en Angleterre, les institutions qui remplissent une mission d'assistance connaissent aussi ces recettes, dons, legs, cotisations, quêtes. Les Eglises comme les sociétés laïques ont des fonds productifs de revenus.

Les municipalités et les provinces subventionnent assez fréquemment, en Belgique, les sociétés de bienfaisance.

Quant aux cotisations, qui devraient constituer le trésor véritable de ces sociétés, le recouvrement en est généralement si difficile qu'elles n'entrent, au contraire, que pour une faible part dans la Recette. On a tôt fait, parbleu ! d'adhérer à une Société sur la demande d'un ami. Le premier versement s'opère facilement ; au second on commence à murmurer. Quand, pour la troisième fois, le trésorier de la société se présente, on l'éconduit poliment.

Peu de sociétés échappent aux conséquences financières de cet état de choses. Il en résulte qu'elles vivent au jour le jour, et qu'elles doivent à des prodiges d'activité, à des ressources d' « à côté », de pouvoir couvrir leurs dépenses. La plupart de ces associations font entendre le même cri d'alarme.

Examinant la nature des recettes de la Société, le trésorier de la *Société protectrice des enfants-martyrs* de Bruxelles (1896) constatait que, « sur un total d'une trentaine de mille « francs, 23,000 sont le produit de dons et de « charités qui n'ont aucun caractère de régu« larité et de périodicité ». Et, ce regret exprimé, il exposait, en des termes à retenir, la gravité du danger, et le moyen de le conjurer :

« Certes, nous avons l'espoir fondé que les charités du public continueront à être abondantes comme dans le passé ; mais quelque sérieux et quelque indiscutables que soient nos calculs et nos espoirs, ils ne sont jamais que des probabilités, alors qu'il nous faudrait pouvoir compter sur des certitudes. Une œuvre comme la nôtre, ayant charge d'âmes, ayant pris pour le placement et l'éducation de nos petits martyrs des engagements sacrés qui s'étendent sur une longue série d'années, ne peut pas être à la merci d'un événement imprévu, d'une calamité publique, d'une désaffection imméritée de l'opinion, d'un engouement général pour une œuvre nouvelle, bref, d'une cause indépendante de notre volonté et qui aurait pour effet et pour résultat de restreindre, sinon de supprimer l'afflux indispensable des dons et des charités.

« Ce qu'il faudrait, c'est qu'à l'exemple d'autres associations charitables de Bruxelles, plus favorisées, nous puissions constituer un capital dont le revenu soit tel qu'il nous laisse sans inquiétude sur l'avenir de notre œuvre et sur l'exécution de nos engagements ».

∴

Cette pensée, tous les philanthropes l'ont quand ils se consacrent à une œuvre nouvelle d'assistance. Mais le sentiment généreux qui les anime traite en vassale la froide raison et n'écoute point sa voix. On escompte des milliers d'adhérents, et en attendant qu'ils viennent on vit, je ne sais comment, à force de volonté, de dévouement et d'imagination. Demander la charité au plaisir reste le plus sûr moyen de recettes. Aussi les représentations au bénéfice d'œuvres charitables ne se comptent-elles plus en Belgique. Le moindre prétexte est saisi avec empressement pour justifier un appel nouveau à la bourse du public. Quelque artiste célèbre traverse-t-il sa ville d'origine, vite on lui dépêche les diplomates de la Société. On le prie si gentiment qu'il prête son concours à quelque fête de gala au profit de telle ou telle catégorie de pauvres. Cinq cents fêtes de bienfaisance sont ainsi organisées chaque année dans la seule ville de Bruxelles.

Profitables aux sociétés puissamment constituées, ces fêtes ne laissent pas de bénéfices aux petites sociétés. Ce qui pourrait leur en revenir est absorbé par les rétributions aux artistes et les frais accessoires d'organisation (1).

1. Rappelons, à cette occasion, que le « Droit des pauvres » dont le sort a changé bien des fois est aujourd'hui aboli en Belgique. Lors donc qu'une société donne une représentation dans une salle privée, personne ne lui demande compte de sa recette.

Si la fête a lieu dans un local appartenant à la ville, le représentant de cette dernière exige le dépôt d'un cautionnement qui, en cas d'insuccès, est versé par les soins du caissier municipal à la caisse de l'œuvre d'as-

∴

Les étudiants, dans les grandes villes de la Belgique, rivalisent de zèle sur le terrain de la charité. Ils quêtent, donnent des fêtes, principalement à l'époque du Carnaval, et pour les petits, pour l'enfance malheureuse.

Si, pour ces sortes de concours spontanément offerts aux œuvres d'assistance, un prix était à décerner, nul doute qu'il écherrait pour la Belgique à la Société de Bruxelles qui s'est parée de ce titre bizarre : *Le Conservatoire africain.*

N'allez pas croire que c'est une société de bienfaisance, surtout ne le dites pas. Ses administrateurs s'en défendent très fort, comme s'ils avaient honte du bien qu'ils font.

« Il est bon de vous faire remarquer », m'écrivait le président de la Société, « que c'est à « tort que notre société figure dans la bienfai- « sance ; c'est plutôt une société d'agrément « qui, cependant, par ses relations, son dévoue- « ment, parvient à secourir les crèches nécessi- « teuses. »

sistance au profit de laquelle cette fête avait été donnée. La mesure administrative est appliquée pour les fêtes de bienfaisance au parc Léopold et au parc Central.

Qu'est-ce, exactement, que le *Conservatoire africain ?* En voici l'historique d'après l'un de ses membres :

« En l'année 1878, quelques jeunes gens, qui se voyaient assez régulièrement le soir, se demandèrent comment ils pourraient bien passer une journée de carnaval sans tomber dans le cadre habituel des plaisirs éternellement les mêmes de ces jours de folie. Il fut proposé de se grimer tous de la même façon et de parcourir en groupe les cafés de la ville, pour y collecter au profit d'une œuvre de bienfaisance. Pour solliciter la charité auprès du public, il fallait un prétexte ; celui-ci fut bien vite trouvé. On confectionna des objets représentant une batterie de cuisine, et bientôt chacun se trouva doté d'un instrument en fer-blanc, arrangé de façon à émettre un son.

Restait à faire choix d'un costume. — La question de la civilisation du continent africain était fortement agitée à ce moment ; ceci attira l'attention des jeunes gens, et ils cherchèrent à simuler nos frères noirs. La sortie pour le Mardi-Gras était décidée ; on se réunit quatre ou cinq fois pour avoir un peu d'ensemble et, joyeusement, ces bons drilles s'élancèrent dans les cafés, faisant entendre les morceaux de leur répertoire et collectant sur plateaux au profit des petits enfants des crèches.

La soirée terminée, tout le monde se retira, heureux et fier ; la recette se montait à 270 fr. 32 ! L'année suivante, ces quelques amis se groupèrent de nouveau et tentèrent une nouvelle sortie : celle-ci fut encore plus fructueuse, la recette atteignant 350 francs.

Devant ces nouveaux succès, un de la bande proposa de réunir tous les amis en un cercle permanent, et le Conservatoire africain fut définitivement fondé, prenant pour devise : « *Plaisir et Charité* ».

Les nouveaux Africains convinrent d'un mensuel destiné à l'organisation de petites réunions, de petites fêtes et excursions à faire dans le courant de l'année, mais dont le but principal était de resserrer les liens d'amitié de ceux qui, à l'approche du Carnaval, se donnaient tout entiers à la charité.

Les recettes se ressentirent énormément de ce rapprochement, et le tableau ci-après en est la meilleure preuve. D'après ce relevé on verra ainsi que 18 années d'efforts et de persévérance ont permis aux Africains de recueillir une somme ronde de 100,000 francs.

1878	fr.	270,32	1887	fr.	2827,61
1879	»	350 »	1888	»	3987,11
1880	»	534,90	1889	»	4609,09
1881	»	884 »	1890	»	5655,10
1882	»	954,16	1891	»	7736,44
1883	»	1214,95	1892	»	11451 »
1884	»	1086,98	1893	»	14872,91
1885	»	2059,59	1894	»	17173,25
1886	»	2737,98	1895	»	20151,96

La progression des chiffres est intéressante et fait ressortir combien les sympathies du Cercle ont progressivement grandi ».

En 1897, ces jeunes gens de cœur ont recueilli près de 22,000 francs, c'est-à-dire plus encore que les années précédentes. Douze crèches de Bruxelles patronnées par le Conservatoire africain se partagent ces sommes proportionnellement au nombre des enfants asilés par chacune d'elles (1). La Société a un organe officiel, la *Revue Noire*, et le jour du Mardi-Gras elle fait vendre un programme joliment illustré.

⁂

Je disais que le désir de procurer un peu de bien-être aux malheureux incitait à des au-

1. Il est également tenu compte des ressources de la crèche.

daces d'entreprise dont la témérité étonnerait sur d'autres terrains que celui de la charité. Ce désir rend aussi les philanthropes extraordinairement industrieux. Croiriez-vous, par exemple, que certains d'entre eux ont trouvé le moyen de faire vingt-cinq mille francs de rentes aux enfants pauvres de Bruxelles en devenant.... chiffonniers! Parfaitement. Ils ne prennent pas la hotte et le crochet, mais le résultat est le même. Ils recueillent les débris de métaux, étain, plomb, cuivre. Cela ne s'obtient pas toujours facilement. La difficulté est d'habituer les habitants à envoyer tous ces déchets, boites à sardines, papier à chocolat, capsules de bouteilles, etc., au siège de la Société. De plus en plus, cependant, cette habitude entre dans les mœurs des Bruxellois, si bien que l'an dernier la vente de ces métaux hors d'emploi a permis à cette société, appelée la *Feuille d'étain* (1), d'habiller et d'envoyer en colonies scolaires 3000 enfants (2).

1. La *Feuille d'étain* a été fondée en 1893 par des libéraux. Elle secourt tout enfant pauvre fréquentant les écoles de la ville, sans s'occuper de la confession de l'intéressé.

2. Une œuvre analogue fonctionne en Hollande. J'ai fourni sur elle quelques détails en traitant des Sociétés de secours à domicile.

∴

Pour faire recettes en faveur des pauvres tous les moyens sont jugés bons en Belgique. Dans les établissements publics sont placées des boîtes-troncs par les soins de sociétés d'assistance. Le produit en est très aléatoire. Mais les petits ruisseaux d'argent font, n'est-il pas vrai ? les grandes rivières, et, puisant par ci, récoltant par là, ces sociétés finissent par remplir leurs caisses.

Une Société, celle pour la *Protection des enfants-martyrs,* a constitué à ses côtés une Société coopérative de consommation dont les bénéfices vont à l'œuvre. Elle a installé, en divers lieux de la ville et des faubourgs, des distributeurs automatiques qui vendent du chocolat et autres friandises, au profit des enfants martyrs.

Dans l'intérieur même des familles l'esprit philanthropique s'introduit, réclame pour les pauvres. Une société de secours aux enfants a pris pour devise « Qui dîne donne ». Et cela signifie que chaque adhérent s'engage à présenter une tire-lire de la société à tout invité qui s'asseoit à sa table.

La Société protectrice des enfants-martyrs

met aussi en circulation des bandes timbrées à 1 centime, vendues 5 centimes à son profit et servant à l'envoi des cartes de visite.

Enhardie par ses premiers succès, la Société est allée jusqu'à l'appel direct à la générosité publique par voie d'affiche. On pouvait lire à la Section d'économie sociale de l'Exposition de Bruxelles en 1897, à la place réservée à la Société protectrice des enfants-martyrs de cette ville, diverses affiches. La première était ainsi conçue :

Appel aux philanthropes.

LA SOCIÉTÉ DEMANDE UN CAPITAL DE 100.000 FRANCS POUR CRÉER UN HOSPICE-ASILE A L'USAGE DES ENFANTS TUBERCULEUX DE BELGIQUE.

Et la seconde :

LA SOCIÉTÉ DEMANDE 30.000 FRANCS POUR CRÉER UNE FERME-ÉCOLE A L'USAGE DES ENFANTS MORALEMENT ABANDONNÉS DÉJA ATTEINTS PAR LA CONTAGION MAIS SUSCEPTIBLES D'AMENDEMENT.

Une troisième pancarte sollicitait des fonds pour agrandir et améliorer la pouponnière.

Mais rendons à César ce qui appartient à César. Cette association charitable de Bruxelles, en utilisant le procédé de la réclame pour recueillir des fonds, copie ce qui se fait tous les jours à Londres. Le principal instrument de recettes de la charité anglaise c'est la publicité, une publicité franche, commerciale, ne se déguisant pas, formulant, au contraire, très nettement la pensée de celui qui l'emploie, indiquant sans préférence les besoins auxquels on demande à la charité publique de pourvoir.

Des misères à soulager sont-elles connues de *Charity Organisation Society ?* Aussitôt cette Société fait insérer dans les journaux anglais des annonces du genre de celles que j'ai déjà citées (1). Et les dons affluent. Les administrateurs des hôpitaux savent le mieux se servir de cette force qu'est la réclame en un pays comme l'Angleterre. Ces pauvres hôpitaux londonniens ! Ils ont beau avoir pour trésorier, ordinairement, un riche banquier de la ville auquel on fait appel pour rétablir l'équilibre — souvent compromis — de l'établissement, presque tous sont en déficit. Chez nous on se creuserait la cervelle jusqu'au fond afin d'imaginer

1. Chapitre sur l'organisation des secours à domicile.

un moyen de le combler. Les Anglais n'y mettent pas tant de façons. Prospectus, brochures, journaux, affiches, répandus à profusion, instruisent le public des besoins de ces hôpitaux.

« Nous sommes endettés de 3.000 livres », informe, par une réclame insérée dans les feuilles d'annonces d'un livre, l'hôpital de *North Eastern*.

Vous arrêtez-vous devant l'hôpital privé de *Charing Cross ?* Un immense tableau-réclame appelle votre attention. Il y est écrit :

L'hôpital a besoin de 100.000 livres pour son agrandissement.

Et des renseignements sont indiqués sur les « opérations » de la Société. Il faut bien allécher les capitalistes philanthropes !

Dépense annuelle.	14.000	livres
Malades soignés en 1895. . .	2117	—
Consultations	22.832	—
Accidents et divers.	11.280	—

Mais la réclame, si habilement organisée qu'elle soit, ne saurait suffire à alimenter les caisses des hôpitaux privés de Londres. On finit par détourner les yeux de ces placards-indicateurs, on froisse les prospectus au long desquels quelques-uns de ces établissements étalent leur détresse. Alors, une fois par an, on frappe un grand coup. Une quête générale est faite dans Londres, et l'argent ainsi recueilli est réparti au prorata des lits — ou des besoins.

C'est le *Samedi des hôpitaux*.

Ce jour-là, à partir de dix heures du matin, des jeunes filles — on les choisit aussi jolies que possible ! — se postent aux endroits les plus fréquentés de la ville et sollicitent les passants.

Elles sont très pressantes, ces quêteuses : il faut quand même leur donner, et naturellement les plus gracieuses et les plus belles font tomber le plus de penny et de schillings dans leur aumônière.

L'imitation par plusieurs œuvres de cette pratique originale, passée dans les mœurs londonniennes, a nui un peu au succès financier du *Samedi des hôpitaux*. Néanmoins les quêtes de cette journée sont encore très productives et contribuent à grossir d'appréciable façon les recettes des hôpitaux (1).

1. A ces diverses ressources de la charité privée à l'étranger pourraient s'ajouter les retenues faites par certains orphelinats sur les salaires de leurs pensionsnaires. Cette recette est d'une nature si spéciale qu'il m'a paru convenable de la négliger.

CHAPITRE XVIII

CENTRALISATION DES FORCES CHARITABLES

Les quémandeurs professionnels, parasites de la charité : leurs procédés. Il n'y a pas de pires ennemis des vrais pauvres. — Portrait du *professionnel.* — Danger à combattre. — Union nécessaire des forces charitables. — Les *offices centraux.* — *Charity Organisation Society*, à Londres. — Détails de son organisation. — Son mode de procéder pour faire recettes. — Bienfaisance et mutualité. — Reproches adressés à *Charity Organisation Society.* — La centralisation des œuvres d'assistance privée en Belgique. — Appel au concours de l'Etat. — Le *Foreningen for Välgörenhetens ordnande* de Stockholm. — Succès et avantages de cette institution. — Antipathie qu'elle inspire aux faux pauvres. — Une tentative heureuse à Berlin. — Appui de la municipalité de cette ville. — Les vœux des philanthropes néerlandais. — Projets et essais de centralisation. — Résistance des sociétés confessionnelles.

*
* *

A une époque où le grand art consiste à tirer profit de tout, même de rien — car le silence est coté — la pitié devait fournir une mine d'inépuisables ressources aux gens habiles et sans scrupules. On avait exploité, on exploite encore la crédulité des bonnes âmes ; pourquoi n'en eût-on pas fait autant de leur sensibilité ? L'idée de charité a donc servi à faire vivre grassement, aux dépens de la masse des nécessiteux, quelques compagnies de hardis mendiants que l'appellation de *professionnels* enorgueillit vraisemblablement plus qu'elle ne les fait rougir.

Le métier n'étant pas mauvais, bien au contraire, le nombre de ceux qui s'y adonnent croît de jour en jour au point de prendre l'apparence d'un danger réel dont la philanthropie a souci de se préserver pour deux causes : la première, c'est que, plus augmente cette armée de faux pauvres, moins sont secourus les vrais malheureux ; la seconde, c'est que le bruit de cette exploitation se répandant ralentit le zèle des personnes charitables, ferme les mains prêtes à s'ouvrir, en un mot tend à tarir la source des aumônes. Et ce dernier danger n'est pas le moins grave. On l'a reconnu presque partout, en France comme à l'étranger.

C'est déjà beaucoup : mal connu est à moitié guéri, dit-on. Souhaitons qu'il en soit ainsi. Pour l'instant, dans tous les pays du nord de l'Europe, le problème est posé, et c'est à qui, dans le monde de la Charité, s'efforcera de le résoudre : il s'agit de dénoncer les mendiants professionnels afin de les empêcher de continuer leur exploitation au détriment de la réelle misère. A première vue le moyen d'obtenir cette suppression paraît fort simple. Il suffira de ne donner qu'à bon escient, après s'être entouré des garanties désirables sur le compte du solliciteur. Evidemment, c'est là un point d'importance. Pour que l'aumône ne s'égare pas en des mains indignes il faut que sa remise ait été précédée d'une enquête sérieuse. N'allez pas croire que cela soit aussi facile à faire qu'à énoncer. Peu de sociétés charitables ont la possibilité d'ouvrir de telles enquêtes sur chacun de leurs clients ; quant aux philanthropes qui accordent des secours sans prendre pour intermédiaire l'une quelconque de ces sociétés, aucun d'eux ne s'astreindra à cette besogne.

Mais ces renseignements seraient-ils fournis complets, exacts sur les solliciteurs de secours que l'exploitation par les professionnels de la charité subsisterait encore. Quelque chose de plus est nécessaire pour qu'elle disparaisse. Le professionnel de la charité — et nous employons à dessein cette expression — n'est pas un individu de bonne situation parvenu à tromper sur celle-ci les cœurs charitables, et recevant des subsides sans en avoir besoin. Point. Le *professionnel de la charité*, le plus souvent, dans un très grand nombre de cas, est un personnage dont la *misère extérieure* est établie sans conteste : chef de famille sans travail, par exemple, et chargé d'enfants. Il s'adresse à une institution charitable, demande à être aidé. Sur quoi se fonderait-on pour lui refuser un secours ? On le lui alloue donc. Que fait alors notre homme ? Il formule semblable demande à quelque riche particulier de la localité, connu pour ses bienfaits ; à l'assistance publique, à d'autres sociétés charitables privées. Comme il conserve sa situation de père de famille sans travail et chargé d'enfants, il restera intéressant, *isolément*, aux yeux de tous ceux dont il aura imploré la pitié, et il touchera de toutes parts, devenant ainsi le *professionnel de la charité*.

On a déjà compris le vice d'organisation qui permet ce genre d'exploitation. Si les diverses sociétés ou personnalités à la charité desquelles ce pauvre a fait appel savaient qu'il est secouru déjà par telle ou telle d'entre elles, ou bien elles diminueraient le taux de leur allocation, ou elles n'en accorderaient aucune. A la faveur de cette ignorance, le *professionnel* peut tromper tout le monde. C'est parce que les institutions charitables ne se connaissent pas, ne se pénètrent pas, n'échangent pas leurs rôles de secours que ces abus se produisent, si fréquents, si criants qu'on a le droit de se demander, les ayant vus de près, si la plus grosse part des sommes énormes dépensées annuellement par l'assistance privée et par l'assistance publique ne va pas à ces professionnels de la charité.

Lutter contre ceux-ci, leur opposer l'union intelligente des forces charitables, voilà, semble-t-il, le premier devoir, le devoir pressant qui s'impose actuellement aux multiples organisations ou publiques ou privées qui se disputent la tâche, si belle, de soulager les malheureux.

L'imminence du danger éveille ce devoir. En Angleterre comme en Hollande, en Belgique comme en Allemagne ou en Suède, les associations de bienfaisance cherchent à s'entendre dans ce but commun. La défense s'organise.

∴

Que la plus ancienne et la plus fortement constituée des organisations poursuivant ce but fonctionne en Angleterre, personne ne s'étonnera de l'apprendre.

L'Anglais, avec son sens entendu des affaires, a compris, dès longtemps, la nécessité de créer un instrument d'élimination des faux pauvres. Cet instrument c'est, à Londres, la Société pour l'organisation de la charité, *Charity Organisation Society*. Comment opère-t-elle? Quels résultats a-t-elle à son actif depuis 1869, date de son existence?

Une visite au siège de l'Association, 15, Buckingham Street, nous renseignera.

Charity Organisation Society est tout à la fois consultative et agissante. Elle renseigne riches et pauvres, les premiers sur le meilleur usage à faire de leurs libéralités, les seconds sur les œuvres qui, plus particulièrement, s'intéresseront à leur infortune. Elle distribue aussi des secours. Son action, qui s'étend sur l'immense ville, est divisée entre 39 bureaux locaux qui ouvrent chaque jour, pendant trois heures, et correspondent à un district ayant son personnel d'enquêteurs : un ou deux employés (*officers*) salariés et 10 sociétaires (hommes ou dames) de bonne volonté exerçant la fonction d'enquêteur à titre bénévole.

Ces enquêteurs viennent tous les jours rendre compte au bureau du résultat de leurs investigations. Et le comité local décide en connaissance de cause.

La Société pour l'organisation de la charité n'a pas, à proprement parler, de fonds de caisse. Elle se procure des ressources presque au jour le jour et, cependant, elle rend des services par milliers aux pauvres gens. 20.141 familles ou individus ont, par elle, été secourus en 1896. Au cours de cette même année, l'argent qu'elle a distribué formait une somme de 29.256 livres sterling, soit plus de sept cent mille francs. Un millier de vieillards lui doivent de toucher un secours à domicile de 7 à 8 schellings par semaine.

D'où lui vient cet argent? *Charity Organisation Society*, en bonne société anglaise qu'elle est, a foi dans la réclame, et elle en use pour le bien de ses pauvres. On peut lire fréquemment dans les journaux de Londres des annonces dans le goût de celle-ci qu'elle fait insérer :

LE COMITÉ DE X... DEMANDE 3 LIVRES ET 6 SCHELLINGS POUR CONTINUER PENSION DE 3 SCHELLINGS PAR SEMAINE A VEUVE DE 79 ANS, QUI EST MALADE.

La Société n'attend pas que cette annonce produise pour secourir la personne qui s'y trouve visée. Elle avance l'allocation et en recouvre le montant sur les souscriptions qui lui arrivent du public par cette voie.

Puis, les membres du bureau de *Charity Organisation Society* ne craignent pas d'écrire, en solliciteurs, aux églises, aux personnes riches et charitables.

Enfin, elle entretient des rapports suivis avec d'autres sociétés de bienfaisance qui, elles-mêmes, donnent un peu d'argent, dans un but spécial.

La petite pension aux vieillards n'est servie qu'à partir de 60 ans.

La Société exige que les pauvres qui sollicitent un secours aient fait preuve d'économie, qu'ils appartiennent à une société de secours mutuels. Si cette condition n'est pas remplie, la demande du pauvre est rejetée, et celui-ci est abandonné à l'assistance officielle (1). Pour tout Anglais, quiconque n'a jamais consenti à un sacrifice, fait un effort pour assurer son avenir et celui de sa famille, et être utile à ses co-associés, n'est pas digne qu'on en fasse un pour lui.

1. La Société veut aussi que les enfants, lorsqu'il en existe en âge de travailler, contribuent à l'entretien du vieillard.

L'individu qui, indifférent aux œuvres de mutualité, ne s'est pas soucié d'aider ses concitoyens ne peut s'attendre à être bien accueilli lorsqu'il demande à son tour à être aidé par eux. De l'avis des partisans de la mutualité, nombreux en Angleterre, c'est non seulement un imprévoyant mais un égoïste. Ce dédain, qui va jusqu'au mépris pour l'ouvrier non affilié à une société de secours mutuels, se perçoit dans les paroles des fonctionnaires, s'accuse dans les actes courants de la vie publique en Angleterre. L'attitude prise à ce sujet par *Charity Organisation Society* est significative.

Combattre la mendicité, répandre les aumônes sur les vrais malheureux et non au hasard, enseigner aux philanthropes le bien à faire, voilà le programme de *Charity Organisation Society*. Elle le suit aussi exactement que possible, nous venons de le voir. Son mérite, qui est grand, ne doit cependant pas être exagéré. Cette société, en effet, ne groupe pas tous les éléments d'information des autres associations charitables : elle est *une ;* elle représente, à vrai dire, une administration de l'assistance privée, vivant à côté de l'administration officielle : elle ne réalise pas l'idéal de la centralisation des œuvres charitables.

Ajoutons qu'elle est parfois, dans la presse

anglaise, l'objet de vives critiques. On reproche à ceux qui la dirigent d'être très durs envers les pauvres, de manquer de cœur. M. Loch, le secrétaire général de *Charity Organisation Society*, qui a bec et ongles, a vigoureusement riposté à ces attaques. Qui, de lui ou de ses détracteurs, a raison? Nous n'avons point à nous prononcer, et ne serions d'ailleurs pas en mesure de le faire. Mais qui sait s'il n'y a pas une part de vérité des deux côtés? Une société comme *Charity Organisation Society* n'a de raison d'être que si elle prend corps à corps le faux pauvre, le mendiant professionnel et le dégoûte à tout jamais d'exploiter la pitié des cœurs généreux. Des règles sévères doivent donc forcément présider à l'instruction des demandes. Mais il se peut aussi que les directeurs de la Société, trop désireux d'atteindre le but, le dépassent, et qu'ils soient trop rigoureux. La mesure, en pareille matière, est difficile.

∴

La Belgique apparaît comme le pays où le besoin de grouper les ressorts de la bienfaisance s'est le moins fait sentir. Quelques-unes des personnes qui suivent avec une attention soutenue, dans ce pays, les questions d'assistance ont lancé l'idée d'une union de toutes les forces charitables de la Belgique. M. Ch. de Quéker, voilà plusieurs années, a préconisé une fédération de cette nature pour combattre les exploitants de la charité. Il la souhaitait former avec le concours de l'Etat. L'idée n'a guère fait de chemin depuis qu'elle a été émise. Un office central est en formation à Liège et à Gand ; un autre à Anvers. En cette dernière ville, comme presque partout, le refus d'adhésion des sociétés religieuses rend l'œuvre imparfaite. Celles-ci — en l'espèce, ce sont des sociétés catholiques — ne veulent point rendre compte de leurs actions. En est-il cependant de plus avouable que celle de la pratique du bien ? Quel motif invoque-t-on pour justifier ce refus ? Les pauvres honteux. On ne veut pas les découvrir, leur enlever ce caractère. Et l'on préfère laisser usurper, exploiter ce titre (1).

1. Pour être d'une parfaite efficacité, un *Office central* de la charité devrait être en correspondance avec l'Assistance publique. Or, celle-ci n'aime pas beaucoup non plus qu'on s'occupe de ses affaires. Dans le règlement pour les comités de charité, à Hasselt, l'article 16 interdit à ceux-ci et aux visiteurs de communiquer à qui que ce soit des renseignements quelconques au sujet des secours accordés aux indigents.

Le seul essai de centralisation des institutions privées de bienfaisance digne d'être relaté a été tenté à Bruxelles. Les résultats n'en sont pas brillants, mais il convient de dire que cet *Office central* date seulement de 1896. Les sociétés qui y sont affiliées se communiquent leurs listes de pauvres et préviennent ainsi les fraudes dont elles pourraient être victimes. L'esprit particulariste des diverses sociétés fait obstacle, malheureusement, au fonctionnement utile de l'œuvre. Celle-ci ne tend pas moins à se développer.

∴

Les parasites de la charité n'ont pas un domaine circonscrit aux pays du centre de l'Europe; ils gagnent de tous côtés et s'avancent jusqu'aux confins du vieux monde. La Suède, la Norvège en souffrent. Le mal, dans le premier de ces pays, ne s'est pas révélé d'hier. Il y a de longues années que, pour y porter remède, un *Comité général de protection des pauvres* se constitua à Stockholm. Il existe encore nominalement, mais son action se réduit de jour en jour pour être remplacée par celle d'une société plus moderne (elle existe depuis 1889), aux rouages perfectionnés qui a droit à une description en cet ouvrage.

Cette société, faisant fonction d'Office central des œuvres charitables, a pour titre : *Foreningen for Vâlgôrenhetens ordnande.* Elle est située, Stora Nygaten, 36, à Stockholm ; son but est de mettre de l'ordre dans la charité. Comment s'y emploie-t-elle ?

Le *Foreningen* a deux sortes de collaborateurs : des citoyens de la ville, membres de la Société, au concours désintéressé, et des agents salariés. Ceux-là aident ceux-ci pour les enquêtes, la réception des pauvres, pour tout le travail, en un mot, qu'entraîne le fonctionnement d'une pareille machine administrative. Et ce ne sont point là vaines occupations ! Le Bureau central reste constamment ouvert de 9 heures à 2 heures, et les membres de la Société s'y rencontrent très souvent dans la journée pour recevoir les pauvres.

Ceux-ci doivent s'y présenter porteurs, dans tous les cas, d'un certificat d'identité et de bonnes vie et mœurs, délivré par le prêtre de leur paroisse (1).

Le grand but visé par la Société est d'empêcher toute distribution de secours en dehors

1. L'état civil est encore, en Suède, aux mains du clergé paroissial.

d'elle, afin de prévenir l'exploitation par les faux pauvres. Pour arriver à ce résultat, chaque membre du *Foreningen* est porteur d'un carnet à souche dont il détache un coupon, qu'il signe et remet à celui qui implore son assistance. Ainsi point d'aumône, aucun secours en argent versé directement. Le pauvre muni de ce coupon se rend au bureau central de la Société, formule sa demande en l'appuyant du certificat dont nous avons parlé plus haut, et l'enquête est ordonnée.

Le résultat en est communiqué au comité de la circonscription dans laquelle le pauvre a son domicile. Quatre de ces comités, composés de sociétaires des deux sexes, se divisent, en effet, la ville.

Ce sont ces comités qui décident s'il y a lieu d'allouer un secours en argent ou quel mode d'assistance serait plus profitable au pauvre. Autant qu'ils le peuvent ou que la santé de l'intéressé le permet les membres du comité indiquent à celui-ci un emploi, s'il est sans travail. Ils se réunissent une fois la semaine. En cas d'urgence absolue, des secours sont délivrés immédiatement. Mais, que le secours soit accordé dans les formes ordinaires ou à titre extraordinaire, le *Foreningen* s'assure au préalable que le pauvre ne touche point d'autres mains, qu'il n'est inscrit sur aucune autre liste de secours. A cet effet, le bureau central du *Foreningen* consulte les listes des pauvres des paroisses et de la ville dont communication lui est faite avec empressement. Si le cas est pressant, les renseignements sont pris par téléphone (1). Actuellement l'Office central de Stockholm possède 10.000 fiches contenant des renseignements détaillés sur chacun de leurs titulaires.

L'utilité sociale du *Foreningen* est à ce point comprise que la Société compte 2000 membres cotisants dans une ville dont la population ne dépasse pas 180.000 habitants. Le budget de l'œuvre est de 214.543 couronnes, environ trois cent mille francs. 48.357 couronnes (70.000 francs) ont été distribuées en secours d'argent au cours du dernier exercice.

Les notabilités les plus marquantes de la bonne société de Stockholm sont inscrites au livre d'or du *Foreningen for Vâlgôrenhetens ordnande*. M. le baron Tamm, grand gouverneur de la ville et président de l'œuvre, ne dédaigne

1. Nous ne connaissons pas de ville d'Europe où le réseau téléphonique soit autant développé qu'à Stockholm. Le plus modeste bourgeois de cette ville a son logis relié téléphoniquement.

pas d'y apporter le concours de son expérience indiscutée et de sa puissante influence.

C'est sans relâche, et par tous les moyens, que les membres du *Foreningen* s'efforcent de remplir leur mission d'organisateurs de la charité.

Pour faire pénètrer sans cesse davantage dans le public les idées de philanthropie éclairée qui les guide, ils ne se contentent pas de parler : ils écrivent, distribuent des brochures de propagande où, sous la forme d'un conte, d'une histoire attachante, agréable à lire, les conseils qu'ils croient bons se retrouvent.

Le *Foreningen* a huit ans d'existence, et l'on constate unanimement une diminution très sensible du nombre des mendiants, des pauvres professionnels. Aussi l'institution est-elle profondément haïe par ceux-ci. Et s'il existe encore des exploiteurs de la charité, la faute en incombe aux personnes trop bienveillantes qui cèdent à une sensibilité regrettable.

Où cette organisation suédoise puise-t-elle le secret de son succès? Tout uniment dans le sentiment que toutes les forces charitables doivent se connaître, se pénétrer, former un faisceau compact, où l'assistance officielle a sa place marquée au même titre que chacune des diverses œuvres privées.

L'occasion est assurément belle de répéter avec Voltaire :

C'est du Nord aujourd'hui que nous vient la lumière.

∴

On ne se fait pas d'illusion en Allemagne sur les *fuites* que pratiquent les faux pauvres dans les budgets de la bienfaisance publique et privée. M. le Dr Becker, maire de Cologne, le déplorait devant nous : « Toutes les paroisses re« ligieuses », nous disait-il, « ont des sociétés « charitables pour leurs pauvres, mais aucun « lien ne les unit ; elles n'ont point de rela« tions. On les peut exploiter tour à tour, et « même simultanément ». Les « professionnels » ne s'en font pas faute. Et partout, dans les diverses villes de l'Empire, le chancre ronge...

Les Berlinois sont en train de forger l'instrument qui pourra le faire disparaître ; qui, du moins, l'arrêtera dans sa marche néfaste. Il s'appelle : *Centralisation der Wohlfahrtseinrichtungen*. A peine cet office central a-t-il un an d'existence et déjà l'on espère beaucoup de son fonctionnement. C'est une sorte de Ligue, encore incomplète, des Sociétés de bienfaisance pour l'organisation et la défense de la charité contre les faux pauvres.

Dans une dizaine de quartiers de la ville il y a, chaque mois, des réunions de délégués des sociétés privées, neutres ou religieuses et, *fait important*, des représentants de la municipalité (1). Les membres présents à la séance se communiquent les noms des personnes secourues par leur société. On vérifie s'il y a double ou triple emploi, partant des abus. On expose même parfois la situation particulière de tel ou tel pauvre insuffisamment assisté, et on décide de lui accorder une aide complémentaire.

Le rêve caressé est l'union de toutes les Sociétés, sans distinction d'aucune sorte. Assigner un terme à sa réalisation serait téméraire, mais c'est un résultat appréciable que d'avoir obtenu la collaboration des représentants de la Ville à une entreprise de cet ordre.

∴

A côté de cette Société, mais l'ayant devancée, l'*Office central de renseignements* (*Auskunftstelle der Gesellschaft für ethische Kultur*) sert d'agent de renseignements aux pauvres et aux riches ; aux pauvres en leur

1. L'institution est, en outre, subventionnée par la Ville.

apprenant les sociétés susceptibles de s'intéresser à leur misère et de les soulager; aux personnes fortunées en leur indiquant complaisamment des placements avantageux... pour les malheureux. Ce sont des sociétaires, messieurs ou dames, qui se chargent des enquêtes. Dans ces conditions il est bien difficile que la Société soit trompée. Tout arrive cependant.

Une femme de grande culture intellectuelle, aux idées libérales, Mme Jeannette Schwerin, en est la présidente. Elle est entourée de jeunes femmes et d'hommes appartenant à la moyenne et à la haute bourgeoisie dont il faut voir le dévouement à l'œuvre pour se faire une idée exacte de son étendue.

Outre ce rôle de conseiller des bonnes volontés charitables, l'Office central de renseignements que dirige Mme J. Schwerin s'occupe de l'instruction morale des hommes et des femmes pauvres et enseigne — ceci est plus original — ce que nous pourrions appeler l'art ou la science de la charité aux philanthropes, aux personnes riches qui désirent s'intéresser à la condition des pauvres. Des conférences et des lectures, auxquelles assistent des bourgeois, des étudiants, des prêtres, sont faites au local de la Société sur la législation des pauvres et les œuvres de bienfaisance de Berlin ; c'est une sorte de topographie *parlée* de la bienfaisance, révélant ce que la ville et l'initiative privée ont créé et quelles institutions il reste encore à fonder. Ces causeries, suivies par 60 auditeurs la première année, en ont attiré le triple l'année suivante ; cela prouve qu'elles répondaient à un besoin, et quel succès elles obtinrent.

∴

« Ce qui manque le plus en Hollande », nous disait un des philanthropes les plus connus de ce pays, et nous répétons, mot pour mot, ses paroles, « ce n'est pas le bon vouloir, ni, « dans une certaine mesure, l'argent. Non : « c'est l'organisation, la répartition des diffé- « rentes classes de pauvres d'une manière lo- « gique, systématique, méthodique. Les *cha-* « *rités*, de certaines églises sont trop riches « au regard d'autres qui n'ont pas suffisam- « ment pour subvenir aux besoins de la moitié « de leurs pauvres ».

Et notre interlocuteur ajoutait : « Une grande « lacune dans l'administration de la bienfaisance

« doit être signalée : c'est le manque absolu de « collaboration des forces charitables. Les dia- « conies, les autorités locales, les sociétés pri- « vées travaillent séparément sans se consulter « entre elles, sans s'inquiéter de savoir si elles « ne secourent pas les mêmes pauvres, si elles « ne sont pas victimes de fraudes communes, « au détriment des malheureux ».

Les hommes de bon sens, d'idées larges qui, en Hollande, mènent depuis quelques années une campagne de tous les instants en faveur de la réforme de l'organisation charitable, et au premier rang desquels il faut placer MM. Dompierre de Chauffepié, Blankenberg et le chevalier Smissaert, d'Utrecht, rêvent, entre autres moyens pour mettre fin à cet état anarchique si nuisible aux pauvres, d'un registre central sur lequel, en chaque commune, seraient inscrits les assistés.

La tenue de ce registre incomberait au secrétaire du Comité de l'assistance publique. Les conseils de direction des institutions autorisées par la loi devraient obligatoirement fournir les renseignements nécessaires à ce fonctionnaire : nom, domicile, profession de la personne secourue, nombre de ses ascendants et descendants, ressources diverses de chacun, communauté religieuse, etc., etc. Toute société de bienfaisance pourrait obtenir communication de ces renseignements.

Un conseil général des sociétés charitables, à instituer dans les communes importantes, réunirait des délégués de ces sociétés en vue de discuter des intérêts communs et de préparer les mesures propres à améliorer le système d'assistance en vigueur.

Quels services rendraient ce registre central et ce conseil général qui font partie d'un vaste plan d'ensemble de réformes embrassant la réorganisation de toute l'assistance publique et privée, il ne nous appartient pas de le rechercher. Nous avons simplement voulu, en les mentionnant, donner une idée des préoccupations actuelles des philanthropes néerlandais en ce qui concerne la centralisation des forces charitables.

Quelques-uns, parmi ceux-ci, n'ont pas eu la patience d'attendre que ces vœux et projets fussent traduits en formules législatives, et ils ont essayé d'introduire à Amsterdam un régime voisin de leur idéal. La Société *Liefdadigheid naar Vermozen* (La charité d'après ses moyens), qui distribue des secours, procure du travail, consent des prêts gratuits et propage les idées libérales, s'efforce aussi de rassembler toutes les instructions charitables de la ville pour une coopération qui serait certainement profitable au bien général.

Hélas, malgré ses louables intentions, cette Société, sur ce dernier point, n'obtient que de faibles résultats. Un obstacle se dresse devant elle, le même que nous avons vu surgir en maints autres lieux : le refus des Sociétés confessionnelles et des églises de participer à des travaux de ce genre, d'initier à leur administration intérieure des sociétés similaires.

Et lorsqu'on se montre surpris de cette excessive réserve, les Églises répondent par le précepte biblique : « La main droite doit ignorer ce que donne la main gauche », sans comprendre que ce langage fortifie les soupçons de ceux qui prétendent que les Églises agissent moins par esprit de charité que par prosélytisme...

CONCLUSIONS

A cette enquête dont nous souhaiterions que le mérite reconnu fût la sincérité, une impartialité sans mélange, convient-il d'ajouter des conclusions ? Les faits ne sont-ils pas assez patents ?

Dresserons-nous le bilan de la charité privée ? Tâche immense. Les efforts de l'initiative individuelle pour secourir les malheureux sont innombrables ; les fonds récoltés et distribués dans ce but forment des sommes incalculables. Le Trésor de la bienfaisance privée n'a pas son pareil. Et cependant — il le faut reconnaître — les misères sont insuffisamment soulagées et les secours mal répartis. Tant d'efforts isolés n'aboutissent trop souvent qu'à grossir l'armée de la paresse, des assistés professionnels. Qu'à l'action individuelle soit opposée, comme à Stockholm, l'action collective des forces charitables, et le *professionnalisme* recule, le mal se guérit, on entrevoit le jour de sa disparition totale.

Dès lors que cette observation est faite, le devoir n'est-il pas tout tracé ? Au lieu de créer de nouvelles sociétés d'assistance, que n'établit-on des liens solides entre celles qui existent ? A quoi bon éparpiller à l'infini les ressources de la charité ?

Oui, nous savons : pour être philanthrope on n'en est pas moins homme. On a ses défauts. Le moindre n'est pas la vanité. On veut attacher son nom à une œuvre charitable, se parer d'un titre, être président, trésorier ou secrétaire-adjoint d'un secrétaire général ! Cette petite ambition, certes, s'explique. On croirait à tort qu'elle ne cause de mal à personne. En dispersant les concours des hommes de bonne volonté pour la lutte contre la misère, elle leur enlève le meilleur du pouvoir efficace qu'ils auraient en groupe. La multiplicité des œuvres d'assistance qui se proposent un même objet augmente, sans profit, les frais généraux d'administration et, par conséquent, réduit les revenus charitables.

Mais ce sont là vains propos. L'amour de paraître est trop enraciné dans le cœur humain pour qu'on puisse espérer l'abolir.

Arriverait-on à fusionner les sociétés d'assistance de même nature que l'exploitation par les faux pauvres continuerait comme par le passé ; à peine en constaterait-on une légère atténuation.

Cette fusion, d'ailleurs, n'est ni souhaitable ni réalisable. Si l'on peut conseiller aux esprits généreux d'apporter leur activité à des œuvres en fonctionnement plutôt que de chercher à en créer de semblables, on ne saurait aller, sans provoquer des protestations justifiées, jusqu'à réclamer la fusion de toutes les sociétés existantes, ce qui serait leur effacement, leur anéantissement, la disparition de leur personnalité. A ce sacrifice, ces sociétés ne consentiront jamais, et l'on ne voit pas clairement ce que pourraient gagner les pauvres à une telle transformation. L'émulation, la concurrence même, si ce mot n'était pas déplacé ici, produit d'excellents résultats partout où elle s'exerce. Tout ce qu'on doit désirer c'est que le nombre des sociétés d'assistance ne croisse pas inconsidérément. Mais ces sociétés, en conservant leur autonomie, ne peuvent-elles s'entr'aider dans l'intérêt de la cause commune qu'elles soutiennent et qu'elles veulent faire triompher?

Est-il admissible qu'elles soient étrangères l'une à l'autre, et que, comme cela se produit dans plus d'une commune hollandaise, les administrations locales professent une indifférence si complète pour ces œuvres privées qu'elles ne sachent point celles qui sont sur leur territoire?

Pas d'ingérence administrative, me criez-vous ! Entendons-nous. Il ne s'agit point de placer les associations charitables sous la tutelle de l'Etat ou de la commune. Mais se peut-il admettre que l'autorité abandonne tout droit de contrôle sur les opérations faites, au nom des pauvres, sous le couvert de ceux-ci, par des sociétés charitables? N'est-ce pas, au contraire, un devoir étroit pour les représentants du gouvernement de veiller à ce qu'il ne soit rien distrait du patrimoine des pauvres, que ce patrimoine soit géré dans les meilleures conditions et le plus scrupuleusement possible. Se peut-il que la Société civile, lorsqu'elle réglemente, lorsque ses représentants légifèrent, ne tienne pas compte des institutions de bienfaisance privée? N'y a-t-il pas un intérêt tangible à ce que ces institutions entretiennent des rapports suivis avec l'administration de l'assistance officielle?

L'exemple de Stockholm et de Dresde (1), celui, tout nouveau, de Berlin, où la collaboration des représentants des sociétés privées et de la municipalité facilite dans des proportions sensibles l'élimination des faux pauvres, sont la plus éclatante démonstration de l'utilité de ces rapports communs.

Mais ce qui importe avant tout, ce qui est d'un intérêt capital, c'est de souder une à une toutes les associations charitables en chaque ville, en chaque pays ; c'est qu'elles entretiennent des relations régulières, permanentes, sans laisser toucher à leur autonomie ; qu'elles se communiquent leurs listes de solliciteurs, étudient ensemble les questions se rapportant à leur mission de soulagement des pauvres.

La charité, en élargissant le cercle de son action, a eu cette conséquence grave d'attirer vers les villes les ouvriers agricoles qui ont ainsi surchargé de bras le marché du travail. L'avilissement des salaires, l'abaissement du prix de la main-d'œuvre en est résulté, si bien que chaque nouvel assisté devient un concur-

1. A Dresde, depuis que des listes d'indigents ont été faites de concert par la municipalité et les sociétés privées, les mendiants professionnels ont disparu.

rent redoutable pour son camarade d'atelier non encore secouru.

Il faut donc se hâter d'opérer ce rapprochement des forces charitables, si l'on ne veut pas que la charité, au lieu d'un bienfait, devienne un mal social.

ANNEXES

BULLETIN DE REPAS

Pour Mme . . . . (nom et adresse).

pour 4 semaines.

Lundi (nom et adresse) . . . .

Mardi. . . . .

Mercredi. . . . .

Jeudi. . . . .

Vendredi. . . . .

Samedi . . . .

Elberfeld le. . . . .

Le Président de l'Union des femmes luthériennes.

(Signature).

Tableau des admissions à l'asile de nuit d'Amsterdam.

(Foevlucht voor Onbehuisden)

Dans la semaine de l'année 1896 finissant le :

11 Janv..	917
18 »	906
25 »	998
1er Févr..	988
8 »	972
15 »	1011
22 »	986
29 »	963
7 Mars..	979
14 »	954
21 »	907
28 »	929
4 Avril..	882
11 »	856
18 »	934
25 »	949
2 Mai...	921
9 »	877
16 »	790
23 »	769
30 »	762
6 Juin..	699
13 »	652
20 »	653
27 »	672
4 Juillet.	664
11 »	627
18 »	631
25 »	596
1er Août..	630
8 »	662
15 Août..	624
22 »	640
29 »	626
5 Sept..	636
12 »	622
19 »	712
26 »	770
3 Octob.	688
10 »	616
17 »	615
24 »	685
31 »	722
7 Nov ..	722
14 »	700
21 »	646
28 »	733
5 Déc ...	692
12 »	691
19 »	674
26 »	612
1897	
2 Janv..	702
9 »	798
16 »	853
23 »	857
30 »	829
6 Févr..	881
13 »	907
20 »	843
27 »	856
6 Mars..	731
13 »	815
20 »	845
27 »	827
3 Avril..	799
10 »	774
17 »	783
24 »	748
1er Mai...	699
8 »	674
15 »	678
22 »	621
29 »	633
5 Juin ..	541
12 »	627
19 »	734
26 »	664
3 Juillet.	622
10 »	609
17 »	594
24 »	544
31 »	645
7 Août..	627
14 »	631
21 »	652
28 »	667
4 Sept ..	621
11 »	712
18 »	762
25 »	782

MODÈLE DU RAPPORT QUESTIONNAIRE

PRÉSENTÉ AU

CONSERVATOIRE AFRICAIN

Sur la situation des Crèches.

DE L'AGGLOMÉRATION

PAR LES DÉLÉGUÉS DU CERCLE

CRÈCHE. . . . .

VISITE DU *189* .

N° d'ordre

1 Nombre d'enfants présents à la Crèche. . . .
2 » » » à l'École gardienne.

ENSEMBLE. . .

Mouvement de la Population pendant l'année 189 .

CRÈCHE

3 Enfants inscrits. . . . .
4 Journées de présence. . . . .
5 Moyenne par jour. . . . .
6 Maximum en un jour. . . . .

ÉCOLE GARDIENNE

7 Enfants inscrits . . . .
8 Journées de présence. . . . .
9 Moyenne par jour. . . . .
10 Maximum en un jour. . . . .

BUDGET DE LA CRÈCHE

RECETTES

Nos d'ordre

11 Souscriptions . . . .
12 Rétributions des enfants. . . . .
13 Subside de la commune. . . . .
14 » » province . . . .
15 » du Conservatoire africain. . . . . .
16 » autres (Famille royale, etc). . . . .
17 Dons particuliers . . . .
18 Divers . . . .

ENSEMBLE. .

DÉPENSES

19 Traitement de la Don de la Crèche. . . . .
20 » du personnel » . . . .
21 » » » de l'École gardienne.
22 Ménage et charbon . . . .
23 Eaux et gaz. . . . .
24 Loyer et impôts. . . . .
25 Dépenses diverses. . . . .

ENSEMBLE. .

26 Nombre de servantes. . . . .
27 Nombre d'institutrices . . . .
28 Tenue de la Crèche.— Observations générales :

. . . .
. . . .
. . . .
. . . .
. . . .
. . . .
. . . .
. . . .

FORMULE DU CONTRAT

Soumis à la signature des ouvriers qui se présentent à la colonie de Haeren :

MAISON DU TRAVAIL

BRUXELLES

Entrée N° *le* *189*
Départ le *Motif :*

Extrait des papiers de l'ouvrier.

Age *Domicile*
Etat civil *Lieu de naissance*
Domicile de secours *Profession*
Casier judiciaire
Habillements qu'il avait à son entrée :

CONTRAT

Entre le compagnon , d'une part, et la Maison du travail de Bruxelles, d'autre part.

Le soussigné reconnait demander son admission à la Maison du travail, sous les conditions suivantes :

1° Il déclare être sans domicile et sans travail, être accepté par charité à la Maison du travail, et vouloir y travailler pour la nourriture et le logement. Si, par suite d'infraction au réglement, il est renvoyé, il déclare n'avoir aucun droit à la récompense qui lui aurait été promise par son application au travail.

2° Il se soumet aux règlements de la Maison qui lui ont été lus lors de son entrée : il doit notamment se soumettre à un nettoyage en règle de sa personne et de ses vêtements. En quittant la Maison il n'a droit qu'aux habillements qu'il avait à son arrivée. Ceux qui lui auraient été prêtés par la Maison ne peuvent être emportés par lui que pour autant que le Père y consentirait. Si les vêtements qu'il avait à son arrivée ont été détruits, il lui en sera accordé d'autres de même valeur. Il déclare ne pas ignorer que toute soustraction de ce chef l'exposerait à des poursuites.

3° Après les premiers quinze jours il recevra, si la direction est satisfaite de son travail, une gratification quotidienne en argent, qui sera fixée par le Père de la Maison, et inscrite à son carnet. Cette gratification servira à payer les vêtements ou objets qu'on pourrait lui avoir délivrés. A son départ il en recevra la différence en espèces, s'il y a lieu. Il s'engage à ne faire aucune réclamation à ce sujet.

4° Aussi longtemps qu'il séjournera à la Maison il reconnaît n'avoir à réclamer aucune gratification en espèces; il est à sa connaissance qu'il est interdit au Père de la Maison de lui remettre de l'argent comptant avant sa sortie, à moins de circonstances extraordinaires, à déterminer par la Commission administrative de la Maison.

5° Le Père peut congédier l'ouvrier soussigné à tout moment, sans qu'il soit nécessaire de lui en faire connaître le motif. Il entre toutefois dans les intentions de la Commission de ne pas congédier un des compagnons bien notés avant de lui avoir trouvé un emploi; mais la Commission ne contracte de ce chef aucune obligation.

Si le compagnon veut quitter de son propre chef, il doit en prévenir le Père trois jours à l'avance, et il ne lui sera accordé de certificat que pour autant qu'il ait séjourné au moins six semaines dans la Maison.

Tout compagnon qui quitte la Maison sans motif et par caprice n'est plus réadmis.

6° Le compagnon congédié qui refuse de partir sur-le-champ peut être poursuivi pour violation de domicile et remis à la justice comme vagabond. Le soussigné déclare ne pas ignorer cette disposition.

7° A son entrée l'ouvrier remet tout l'argent ou valeurs qu'il possède au Père de la Maison. L'argent est inscrit à son crédit sur son carnet. Les valeurs y sont également inscrites. Le soussigné déclare avoir veillé à cette formalité à son entrée, aucune réclamation ultérieure n'étant admise.

A sa sortie, le solde créditeur de son livret lui sera, le cas échéant, remis en espèces, contre signature.

8° L'ouvrier admis s'engage à aller travailler hors la Maison, pour un ou plusieurs jours, aux endroits qui lui seront indiqués. Les salaires à recevoir de ce chef seront acquis à la Maison, mais il lui sera accordé un supplément de gratification variant d'après le montant de la journée.

9° L'ouvrier trouvé en état d'ivresse est immédiatement congédié. Il n'a aucun droit, dans ce cas, à son solde créditeur. Il déclare avoir bien compris cette clause et l'accepter. Il sait aussi que l'introduction de boissons alcooliques, ou de récipients à ce destinés, dans la Maison, est puni d'un dernier avertissement ou d'un renvoi immédiat.

10° Il déclare, pour finir, qu'il a demandé comme une faveur d'entrer dans la Maison, et qu'il se soumettra à ce règlement et à tous les autres d'ordre intérieur.

Après lecture, a approuvé et signé,

Note de l'auteur. — Au verso de cette formule de contrat sont formulées les observations hebdomadaires de la Direction sur la conduite et le travail de l'ouvrier.

TABLE DES MATIÈRES

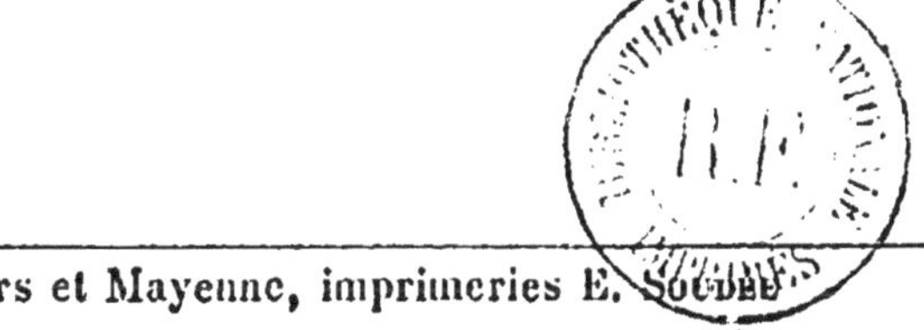

Tours et Mayenne, imprimeries E. Soudée

www.ingramcontent.com/pod-product-compliance
Ingram Content Group UK Ltd.
Pitfield, Milton Keynes, MK11 3LW, UK
UKHW012010240726
13965UKWH00001B/269

9 782013 602129